Les Contemp

CLASSIQUES D

LAROUSSE

Les Justes, ces héros inconnus

Marek Halter

Édition présentée,
annotée et commentée
par Alexis LIGUAIRE,
docteur ès lettres

Direction de la publication : Carine GIRAC-MARINIER
Direction de la collection : Nicolas BAY
Direction éditoriale : Jacques FLORENT
Édition : Marie-Hélène CHRISTENSEN
Lecture-correction : service lecture-correction LAROUSSE
Direction artistique : Uli MEINDL
Dessin de couverture : Alain BOYER
Mise en page et informatique éditoriale : Marie-Noëlle TILLIETTE, Marion PÉPIN
Responsable de fabrication : Marlène DELBEKEN

ISBN : 978-2-03-585078-2

Sommaire

Les Justes, ces héros inconnus

Marek Halter

Pour approfondir

L'auteur

Une enfance ballottée par la guerre

Marek Halter naît le 27 janvier 1936 à Varsovie, en Pologne. Son père exerce le métier d'imprimeur et sa mère écrit des poèmes en yiddish.

L'invasion de la Pologne par les nazis le 1er septembre 1939 marque la fin de l'insouciance. Enfermés dans le ghetto de Varsovie créé par les Allemands en 1941, ses parents parviennent à s'en évader avec leurs deux enfants, Marek lui-même et sa petite sœur Bérénice. La famille gagne d'abord la partie orientale de la Pologne alors sous contrôle de l'Union soviétique. À la suite de l'invasion de l'URSS par l'Allemagne, le 22 juin 1941, Marek et les siens quittent la Pologne pour Moscou, d'où ils sont bientôt évacués en Ouzbékistan, à Kokand. L'afflux de réfugiés rend l'existence matériellement difficile. Bérénice meurt de faim ; la dysenterie affaiblit les parents de Marek. Tout, alors, est bon pour survivre.

Une vocation de peintre

De retour en Pologne dès la fin de la guerre, la famille Halter décide de venir en France et s'installe à Paris en 1950. Voulant devenir peintre, Marek s'inscrit à l'École nationale supérieure des beaux-arts. Il y révèle un véritable talent, puisqu'à dix-huit ans seulement, il est lauréat du Prix international de peinture de Deauville puis de la Biennale d'Ancône, en Italie. Marek Halter quitte alors la France pour séjourner en Argentine, à Buenos Aires, où, en 1955, il organise sa première exposition.

Le militant de la paix au Proche-Orient

Revenu en France deux ans plus tard, Marek Halter s'engage activement dans la lutte contre le racisme et l'antisémitisme et en faveur d'une paix durable entre Israël et les États arabes, l'un des grands combats de sa vie. Ce sont des années de militantisme, de publication d'articles dans la presse, de diffusion de pétitions, d'interventions auprès des responsables politiques de tous bords. En 1967, à la veille de la guerre des Six Jours (du 5 au 10 juin), il fonde et préside le « Comité international pour la paix négociée au Proche-Orient ». L'année suivante, avec l'aide de sa femme Clara, il lance la revue *Éléments*, à laquelle collaborent des Palestiniens, des Israéliens et des Arabes. C'est une première. En 1976, il relate son engagement dans *Le Fou et les Rois* : couronné par le prix Aujourd'hui, ce livre connaît un succès immédiat et immense.

Le militant des droits de l'homme

Depuis plus de trente ans, Marek Halter prend fait et cause pour les opprimés : on le voit protester contre la dictature militaire argentine et appeler, en 1978, au boycott de la Coupe du monde de football à Buenos Aires ; ou participer, en 1981, à la création de « SOS Racisme ».

Convaincu que la culture est le meilleur remède contre l'exclusion et la haine de l'autre, il crée, en Russie, à Moscou et à Saint-Pétersbourg, deux collèges universitaires français, propres à favoriser les échanges culturels entre la Russie et la France.

Touché dans sa chair par la guerre, ayant connu l'épreuve de l'exil, Marek Halter parcourt ainsi le monde, animé de la même et profonde conviction, à savoir qu'il ne faut jamais désespérer de l'homme. Depuis 2008, il est officier de la Légion d'honneur.

À retenir

Né en 1936 dans une famille polonaise et juive, Marek Halter connaît une enfance difficile à cause de la guerre et des persécutions nazies. Arrivé en France en 1950, il envisage d'être peintre. Le conflit israélo-arabe, la montée du racisme et de l'antisémitisme le transforment en militant infatigable des droits de l'homme.
Il développe les échanges culturels entre la France et la Russie, ainsi qu'entre les États et les nations du Proche-Orient.

L'œuvre

Des essais et des livres d'analyse

Une partie de cette œuvre est liée au militantisme et aux engagements politiques de l'auteur. Son premier livre, *Le Fou et les Rois* (1976), se faisait déjà l'écho de ses initiatives en faveur de la paix au Proche-Orient. D'autres ouvrages relèvent de la même démarche : *Mais* (1979), écrit en collaboration avec le philosophe Edgar Morin ; ou encore *Les Fous de la paix* (1994), écrit en collaboration avec Éric Laurent. *Je me suis réveillé en colère* (2009), dans lequel Marek Halter réagit aux grands problèmes de l'actualité, appartient à la même veine. *La Force du Bien* (1995), dont les extraits composent ce volume sur les « Justes », est une enquête à la fois historique, journalistique et philosophique.

Des romans « bibliques[1] »

Publié en 1983, *La Mémoire d'Abraham* est le plus grand succès de Marek Halter. Prix du Livre Inter, traduit dans le monde entier, vendu à plus de cinq millions d'exemplaires, le roman relate l'histoire d'une famille juive à travers les siècles. *Les Fils d'Abraham* (1989) en sont la suite : au lendemain de la guerre des Six Jours (1967), l'auteur recueille de son père un carnet sur l'histoire séculaire de sa famille. *Les Mystères de Jérusalem* (1999) ont pour intrigue romanesque la découverte d'un manuscrit relatif au trésor du Temple de Jérusalem. *La Reine de Saba* (2008) relate les amours de Salomon, roi d'Israël, et de la reine.

La saga de la « Bible au féminin »

En 2003, 2004 et 2005 paraît une trilogie consacrée aux femmes de la Bible. Le tome I, *Sarah*, retrace la destinée de l'épouse d'Abraham ; le tome II, *Tsippora*, évoque la figure d'une femme noire, qui devient l'épouse de Moïse ; dans le tome III, *Lilah* combat la décision de son frère Ezra de faire répudier toutes les épouses étrangères des Juifs afin de

1. **Bibliques** : ici, inspirés de l'histoire du peuple juif ou de la Bible.

préserver la pureté de la race. À travers ces femmes, Marek Halter porte un regard à la fois curieux, neuf et original sur la Bible.

Des livres de spiritualité

Cette saga et les romans « bibliques » sont, à leur manière, des livres de spiritualité, dans la mesure où ils sont une relecture de la Bible ou une réécriture de thèmes bibliques. D'autres textes en revanche relèvent très clairement du domaine de la spiritualité, comme *Le Judaïsme raconté à mes filleuls* (1999). Faut-il ranger *Marie* (2006) dans cette dernière catégorie ? Ou dans celle des romans « bibliques » ? Le point de départ est en effet romanesque : la jeune Myriem sauve et cache Barabbas qui s'oppose au tyran Hérode. Mais la suite, au-delà du cadre fictionnel, peut se lire comme une réflexion sur la figure mariale, au centre même du christianisme. À sa façon, *Jérusalem* (illustré par des photos de Frédéric Brenner, 1986) souligne la spécificité de cette ville.

L'œuvre cinématographique

En 1994, Marek Halter réalise le film *Tzedek,* dont le titre secondaire est *Les Justes*. Le film rapporte le témoignage des hommes et des femmes qui ont sauvé des Juifs, mais aussi de ceux qui ont été sauvés. La télévision le diffuse à l'occasion de commémorations.

À retenir

Une partie de l'œuvre de Marek Halter est liée à son parcours de militant en faveur de la paix et des droits de l'homme. Une autre partie puise sa source dans la Bible, qui constitue souvent le point de départ de ses romans. Parce que ses récits courent souvent sur plusieurs siècles, parce que la fiction se mêle à la vérité historique, Marek Halter est l'un des conteurs les plus connus de notre époque.

Pourquoi lire l'œuvre ?

Une enquête inédite

Personne avant Marek Halter n'avait formé le projet de recueillir le témoignage des « Justes », de celles et de ceux qui, au péril de leur vie, ont sauvé des Juifs de l'extermination nazie. Deux raisons expliquent cet état de fait.

La première tient aux « Justes » eux-mêmes. La guerre terminée, ils sont retournés à leurs obligations professionnelles et familiales. À l'exemple de la Polonaise Iréna Sendler, ils n'ont pas eu le temps d'écrire leurs Mémoires, parce que « la vie a passé trop vite ». N'ayant pas l'impression d'avoir accompli quelque chose d'extraordinaire, d'autres n'ont même pas songé à livrer leur témoignage. Que Marek Halter vienne les interroger les étonne même !

La seconde raison est que, si les « sauveurs » se sont tus par humilité, les « sauvés », les « rescapés » n'ont pendant longtemps rien dit, de peur de ne pas être crus. Certes, quand l'un d'eux parlait, il ne manquait jamais de rendre hommage au « Juste » qui l'avait sauvé. Mais ces témoignages furent trop longtemps isolés.

Marek Halter entreprend, lui, une enquête systématique. C'est ce qui la rend inédite, même s'il en reconnaît le premier le caractère incomplet.

Une valeur documentaire

Par là même, l'œuvre devient un document historique. D'abord parce qu'elle donne la parole aux acteurs eux-mêmes. Les interviews réalisées font entendre la voix de ceux qui, en Europe, se sont élevés contre le crime et qui, sans armes, avec les moyens souvent modestes dont ils disposaient, ont lutté à leur façon contre le régime hitlérien. Ce qui est ici retracé, c'est non pas l'histoire des grands de ce monde, des responsables politiques et militaires, mais celle des citoyens ordinaires qui ont fait, eux aussi, l'histoire. Document, l'œuvre l'est également par ce qu'elle révèle des motivations des uns et des autres. Écrire l'histoire, ce n'est pas seulement raconter les événements, c'est aussi les expliquer, les éclairer dans leur contexte. Quel était l'état d'esprit des gens de l'époque ? Comment ont-ils réagi au malheur qui s'abattait sur eux ou dont ils étaient les témoins rageurs ? Qu'est-ce qui les a poussés à agir ? Les réponses à ces questions contribuent à mieux comprendre les mentalités du temps.

Une réflexion morale et philosophique

« Le Bien existe-t-il ? Se manifeste-t-il en tout temps et en tout lieu ? » s'interroge d'emblée Marek Halter dans son introduction. D'historique, l'enquête devient philosophique. Elle ne se propose pas de définir le Bien de manière abstraite, mais concrètement, à travers les actes parfois les plus humbles de l'existence. Quelle parole, quel geste, quel comportement relèvent du Bien ? Et, à l'inverse, du Mal ? Au bout de ces interrogations en surgissent deux autres, absolument majeures. De quoi l'homme est-il capable ? Si des siècles et des siècles de guerres et de massacres nous ont appris qu'il est capable du pire, l'est-il aussi et en même temps du meilleur ? Malgré les apparences, ce livre est un antidote contre la désespérance. La seconde question renvoie chaque lecteur à lui-même : et moi, dans les mêmes circonstances, qu'aurais-je fait ? Ou que ferais-je si, par malheur, semblable drame survenait de nouveau ? Car si le nazisme fut le Mal, et le Mal absolu, sa disparition n'a pas entraîné celle de toutes les formes du Mal. Que faire aujourd'hui et maintenant pour ne pas s'y résigner ? Au moins lire, pour se souvenir afin d'agir... Ces souvenirs d'une tragédie passée sont un appel.

À retenir

Lire *Les Justes, ces héros inconnus*, c'est lire une œuvre qui n'a pas d'équivalent dans les très nombreux récits sur la Shoah, parce qu'il donne la parole aux « sauveurs ». En remontant le temps, cette succession d'interviews se transforme en document historique qui relate au quotidien la terrible persécution contre les Juifs. En s'interrogeant sur le comportement humain, tant des « Justes » que des « lâches et des tueurs », elle s'élargit en analyse morale et philosophique : qu'est-ce que l'homme ? de quoi est-il capable ?

Les Justes, ces héros inconnus

Marek Halter

Les Justes, ces héros inconnus
est composé d'extraits de **La Force du Bien,**
le livre où Marek Halter raconte ses rencontres avec des Justes, quand il préparait le film, **Tzedek, les Justes***, qui leur est consacrée.*
Cet ouvrage a été mis au point avec l'auteur à l'usage des collégiens.

Introduction

Le Bien existe-t-il ?

Se manifeste-t-il en tout temps et en tout lieu ?

Ce livre est l'aventure d'un homme qui va à la recherche de la moindre lueur, de la plus modeste étincelle de Bien dans le gouffre du Mal. C'est le récit d'un voyage dont je n'ai pas fini de guetter les échos – un voyage à travers les âmes, les consciences et les cœurs. De nos jours, ces mots font sourire. Or, au moment où se propagent sous nos yeux les injustices et les guerres fratricides[1], ces mots devraient être au centre de nos préoccupations.

Comprendre, donc, des femmes et des hommes qui, jadis, en des temps dominés par les lâches et les tueurs, n'ont pas hésité, eux, à sauver des vies.

Il s'agit bien sûr d'une minorité et, pour la plupart, de gens simples, spontanés. Ni des stratèges[2], ni des héros, ni des saints : des Justes. À chaque génération, ils sont là, selon le Talmud[3], pour soutenir le monde. *« Le monde repose sur trente-six Justes »*, y est-il écrit.

Je sais que leur action ne diminue en rien l'infamie de ceux qui ont tué ou qui ont laissé faire. À la limite, elle les rend plus infâmes encore. Car, si des hommes ont tendu la main à des hommes en détresse, pourquoi d'autres ne l'ont-ils pas fait ?

---

1. **Fratricides :** qui conduit des hommes pourtant liés entre eux (compatriotes, compagnons d'armes…) à s'entretuer.
2. **Stratèges :** grands chefs militaires.
3. **Le Talmud :** recueil de textes religieux juifs.

Que faisait le monde durant la Seconde Guerre mondiale pendant que l'on massacrait les Juifs ? Cette obsédante question taraude[1] ma pensée chaque fois que je manifeste ma solidarité avec des persécutés. Je désire comprendre : pourquoi la mort des enfants rwandais[2] nous est-elle aujourd'hui insupportable, quand, hier encore, la mort des enfants juifs laissait l'opinion mondiale indifférente ?

Que faisait le monde ? Cette interrogation ne s'adresse pas à ceux qui se trouvaient sur place à l'époque, à l'ombre des camps de concentration, à nos voisins, à nos compatriotes. Parmi eux, j'ai rencontré des femmes et des hommes qui ont ouvert en grand leur porte aux persécutés. Je pense à une Hollandaise, Henriette Kroon. À la question : « Quand avez-vous décidé de sauver des Juifs ? », elle répond : « Je n'ai rien décidé. Un homme a frappé à ma porte. Il a dit qu'il était en danger. Je lui ai dit de rester, et il est resté jusqu'à la fin de la guerre. Il était le premier. »

Henriette Kroon est une Juste.

Il aurait fallu le dire depuis longtemps, le dire haut et fort : il y eut des individus pour nous permettre de ne pas désespérer de l'humanité. Et si j'en suis si soucieux, c'est qu'ils constituent les seuls exemples positifs de cette période de notre histoire. Il est urgent, me semble-t-il, d'essayer de comprendre cette conscience du Bien, telle que ces êtres l'ont manifestée au péril de leur vie. Elle m'intrigue et me force au res-

1. **Taraude :** hante douloureusement.
2. **Rwandais :** en 1994, une guerre civile éclata au Rwanda entre deux ethnies, les Hutus et les Tutsi ; elle tourna au génocide des Tutsi et fit 800 000 morts. Un génocide est une extermination ou une tentative d'extermination systématique et méthodique d'un peuple ou d'un groupe ethnique.

pect. C'est elle, à travers les visages et les intonations, dans les lueurs qui s'allument au fond des yeux de ces gens âgés, que je veux tenter, même fugitivement, de saisir et de rendre sensible.

Ces Justes ont délibérément mis leur vie en jeu. Aider un Juif, c'était risquer la mort. Peu à peu, au fil de mes rencontres, je vais distinguer trois catégories du Bien, qu'éclaire l'analyse de leurs motivations. Et chacune me touche et m'émeut.

Il y a ceux qui ont agi par fierté, pour préserver ce qu'ils estimaient être leur dignité face aux nazis[1]. Ils détestaient Hitler[2] et ont décidé de lui résister. Sauver des Juifs constituait l'une de ces actions d'opposition. Ils auraient fait de même pour toute autre catégorie de gens ou de population persécutée par la barbarie hitlérienne. De ceux-là, je rencontrerai nombre de représentants en France, par exemple.

Il y a ceux qui ont sauvé des Juifs parce qu'ils étaient croyants : des chrétiens convaincus, fervents, appliquant à la lettre les préceptes d'aide et d'amour. Parmi eux, certains se distinguent par un penchant lucide[3] envers le peuple juif, perçu comme *« frère aîné en Dieu »*.

Il y a enfin, parmi ces Justes, les gens du *parce que*. Peut-être m'intéressent-ils plus encore que les autres. J'ai un faible pour leur mutisme[4], pour leurs réticences[5]. Il faut les

---

1. **Nazis :** abréviation de « National Sozialist » ; membres du parti national-socialiste allemand fondé par Hitler.
2. **Hitler :** né en 1889, fondateur du parti nazi, maître absolu du IIIe Reich à partir de 1933, responsable de la Seconde Guerre mondiale, de ses horreurs et de l'extermination des Juifs. Il se suicida le 30 avril 1945 pour ne pas être fait prisonnier par les Soviétiques.
3. **Lucide :** conscient.
4. **Mutisme :** silence.
5. **Réticences :** hésitations, réserves.

presser de questions pour qu'ils s'expliquent. À la fin, gênés, ils avouent : ils ne supportent pas l'injustice. S'ils voient des faibles maltraités par plus fort qu'eux, ils ne supportent pas, voilà. D'emblée, ils se sentent du côté des persécutés. Et pas avec des spéculations[1] intellectuelles, en pesant le pour et le contre, la morale et l'efficacité, non : en actes. Leur solidarité les emporte, quitte à risquer leur vie : *C'est ainsi. Parce que.* Ceux-là sont les plus émouvants. On les sent comme soulevés malgré eux, animés par une force qui les pousse au-devant de ceux qui sont en détresse.

Si ténue[2], si fragile et si dérisoire[3] qu'elle puisse paraître, il existe, grâce à eux, une justice, c'est-à-dire une bonté active qui veille, qui circule – et qui sauve.

Voici le récit de mes rencontres avec certains et certaines de ces Justes, en Pologne, en Allemagne, en Hollande et en France.

Marek Halter

1. **Spéculations :** théories.
2. **Ténue :** mince.
3. **Dérisoire :** minime, insignifiante.

En Pologne

Au commencement de ma quête, Varsovie, la ville où je suis né.

De ma rue, de mon quartier, il ne reste plus rien. Tout a été détruit. Tout a été reconstruit après la guerre. N'importe comment. Sur les décombres non déblayés. Je me souviens... Ressurgit à vif dans ma mémoire un moment clé de mon enfance. Quand nous avons fui le ghetto[1], mes parents, ma tante et deux amis catholiques de mon père, imprimeurs comme lui, nous pensions traverser plusieurs frontières afin de rejoindre l'Angleterre, où mon père et ses deux collègues comptaient s'engager pour combattre les nazis. Mais ils se sont trompés de chemin.

J'avais quatre ans, ma mère était enceinte, nous marchions de nuit, et, le jour, nous nous cachions dans les bois. Nos amis catholiques allaient dans les villages pour nous dénicher quelque chose à manger. Le soir venu, nous repartions...

Arrivés à Malkinia, la gare de triage[2] par laquelle transitaient les Juifs qui parvenaient à fuir Varsovie pour se réfugier en URSS avant que n'éclate, en juin 1941, la guerre germano-soviétique[3], mes parents ont constaté leur erreur d'orienta-

1. **Le ghetto :** quartier de résidence forcée des Juifs, qui ne pouvaient le quitter. Le ghetto le plus important fut de celui de Varsovie.
2. **Gare de triage :** au sens premier du terme, gare où l'on sépare et regroupe des wagons (où on les « trie ») pour former des convois ; par extension et dans le contexte de la guerre, gare où l'on « trie » les voyageurs.
3. **Guerre germano-soviétique :** en juin 1941, les armées d'Hitler envahissent l'Union soviétique.

tion, mais il n'était plus possible de revenir en arrière : nous avons continué. Dans la gare, nous nous sommes blottis, comme beaucoup, dans le wagon d'un train de marchandises. Je me rappelle l'odeur de paille et de bouse de vache – ce wagon avait transporté du bétail. Aujourd'hui, ce souvenir se charge pour moi d'une âpre[1] évocation qui concerne le destin du peuple juif. Comment ne pas penser à ces innombrables convois ferroviaires, fantomatiques et tristement réels, qui, à travers toute l'Europe, ont acheminé – dans des conditions pires que celles réservées au bétail – des troupeaux entiers d'humains vers les camps d'extermination[2], vers ces abattoirs de l'homme ?

Soudain, les portes se sont ouvertes à la volée[3], des projecteurs aveuglants ont été braqués sur nous. Aboiements de chiens, cris gutturaux[4], pleurs, ordres sans équivoque : « Les Juifs, à droite ! Les Polonais, à gauche ! » On nous a fait descendre du train. Dans la confusion générale, une main m'a agrippé : l'un de nos amis polonais m'a entraîné sous le wagon. Tous, nous avons filé de l'autre côté, courant à travers champs pendant je ne sais combien de temps, tandis qu'on nous tirait dessus. Aucun d'entre nous n'a été touché. La chance... Plus tard, nous avons été arrêtés par une patrouille de soldats russes. Ils nous ont d'abord pris pour des espions ; l'un d'eux a même voulu nous fusiller. Un autre, plus âgé, l'en a empêché : « Mais non, ce ne sont pas des espions,

1. **Âpre :** amère, douloureuse.
2. **Camps d'extermination :** camps de mise à mort, par et dans des chambres à gaz, comme les camps d'Auschwitz, de Bergen-Belsen, de Treblinka...
3. **À la volée :** rapidement et violemment.
4. **Cris gutturaux :** cris rauques, émis par le gosier.

regarde, ce sont des Juifs qui fuient les nazis ! » Les choses se sont arrangées. Enfin, on nous a expédiés à Moscou, en février 1941. Quelques mois plus tard, Moscou a été bombardée : ce sera le début de la guerre germano-soviétique. C'est ainsi que, partis pour Londres, mes parents et leurs amis se sont retrouvés sur la place Rouge[1] !

L'imprimeur polonais, ce grand homme blond, un catholique, qui m'avait entraîné avec lui, c'est certain, il ne voulait pas ma mort. Il désirait que je vive. Je n'ai jamais retrouvé sa trace. Il est pourtant le premier Juste que j'aie rencontré. Je lui dois la vie.

Une minuscule chapelle de la Vierge, badigeonnée de blanc, s'adosse à un pan d'immeuble, comme souvent en Pologne. Je suis dans une cour carrée délabrée autour de laquelle, de manière typiquement polonaise, se regroupent les bâtiments. C'est ici, dans le quartier populaire de Mokotow[2], qu'habite Iréna Sendler. Elle vit dans trois petites pièces de quatre mètres carrés, au deuxième étage d'un immeuble vétuste[3]. Elle est âgée de quatre-vingt-quatre ans. Impotente[4], elle ne se déplace qu'à l'aide d'un déambulateur[5]. Mais son visage rond,

1. **La place Rouge :** la grand place historique du centre de Moscou.
2. **Mokotow :** nom d'un quartier de la ville de Varsovie.
3. **Vétuste :** vieux.
4. **Impotente :** invalide, infirme.
5. **Déambulateur :** matériel médical consistant en un support à quatre pieds et permettant à un invalide de marcher, de « déambuler ».

solide, porte encore une expression juvénile[1]. Elle sourit en plissant les yeux, avec des malices de fillette. Ses cheveux sont blancs, mais elle est coiffée comme une écolière des années trente[2] : une barrette brillante, juste au-dessus de son front, retient une mèche lissée avec soin.

« Tendre la main à quelqu'un qui a besoin d'aide ? dit-elle. Mais… c'est normal ! »

C'est au cours de cette première rencontre qu'elle me révèle avoir sauvé, avec la complicité de ses amis, quantité d'enfants juifs. Elle s'occupait d'eux avant la guerre. Elle a continué sous les yeux des nazis ! Assistante sociale, elle faisait partie des rares personnes que les Allemands autorisaient à aller et venir à travers le Ghetto[3]. Elle en a profité pour organiser la sortie, clandestine bien sûr, de ces enfants. Et c'est ainsi qu'elle a pu en sauver deux mille cinq cents.

« Peut-être aurait-on pu en sauver davantage, ajoute-t-elle. Je me tourmente à cette pensée. On aurait dû en sauver plus encore. Nous étions jeunes, nous ne savions pas bien nous y prendre… »

On m'a toujours affirmé qu'en Pologne les Juifs n'avaient trouvé personne pour leur tendre la main, et voilà une femme

---

1. **Juvénile :** jeune.
2. **Des années 30 :** des années 1930.
3. **Le Ghetto :** avec une majuscule, le ghetto de Varsovie (voir note 1, page 16) où les Juifs étaient contraints d'habiter. Entre 1942 et 1943, les nazis en exterminèrent 500 000. Après l'insurrection du Ghetto en 1943, ils rasèrent tout le quartier. Les rares Juifs survivants furent aussitôt déportés dans les camps d'extermination de Treblinka et de Majdanek.

qui, avec l'aide de quelques amies, a réussi à sauver tant d'enfants ! Iréna Sendler sent ma surprise, mon incrédulité. C'est que je viens de penser à l'équation[1] terrible d'une Juive polonaise, Margaret Acher, qui doit elle-même aux bonnes sœurs d'un couvent de Plody d'être toujours en vie :

« Il fallait mille Polonais pour sauver un Juif. Mais il suffisait d'un Polonais pour dénoncer mille Juifs. »

Iréna Sendler m'avoue avoir longtemps désiré écrire son histoire, mais que la vie a passé trop vite. Elle a des témoins, des lettres de ses protégés qui, eux-mêmes devenus adultes, continuent de lui témoigner affection et reconnaissance. Elle me montrera tout cela dès le lendemain.

Lorsque je reviens chez elle, à midi, elle m'attend en souriant. Elle s'est poudrée[2], elle s'est faite belle. Elle porte un beau collier de perles sur un corsage à petits carreaux blancs et bleus. Son regard pétille sous le cercle argenté de ses cheveux : ses documents, lettres et photos, sont prêts, ainsi qu'une trentaine de pages où court une écriture serrée.

Elle me les tend :

« J'ai pris des notes pour vous. Lisez-les. »

Je m'exécute. Au bout de quelques lignes, je comprends qu'il se cache là toute une histoire. Son père, médecin, soignait sans les faire payer de nombreux Juifs démunis de son quartier. Toute son enfance, la petite Iréna l'a passée à jouer avec les enfants juifs de son âge. Elle parlait le yiddish[3]. À la

1. **Équation :** formule mathématique.
2. **Elle s'est poudrée :** elle s'est maquillée.
3. **Le yiddish :** langue germanique parlée par les communautés juives d'Europe orientale.

mort du médecin, frappé par le typhus[1], les représentants de la communauté juive ont proposé à sa mère de prendre en charge l'éducation d'Iréna, en signe de gratitude pour l'action de son père, dont ils voulaient honorer la mémoire. Sa mère, par fierté, avait décliné l'offre, préférant travailler dans un restaurant pour assurer les études de sa fille, mais elles continuèrent, bien entendu, de fréquenter leurs nombreux amis juifs.

« Depuis ce temps-là, précise Iréna Sendler, je me sentais débitrice[2] envers la nation juive. »

La nation juive… Ces mots me vont droit au cœur. Car, enfin, la famille Sendler ainsi que toutes les amies infirmières d'Iréna sont catholiques. Dans les années trente, Iréna Sendler n'hésite pas à faire front, à braver, à contester l'atmosphère antisémite qui règne alors à l'université de Varsovie. Sur les cartes d'étudiant figure la mention *Juif* ou *Polonais* : de rage, sur la sienne, elle raye *Polonaise.* Suspendue de l'université, elle n'obtiendra que cinq ans plus tard, grâce à des professeurs libéraux[3], son diplôme de sociologie. Elle évoque tout cela avec le sourire, et je devine l'ardeur de la jeune fille, jadis, qui entraînait ses camarades à refuser l'injustice.

« Mais le Ghetto ? Les enfants que vous avez sauvés ? La guerre ?

1. **Typhus :** maladie infectieuse et contagieuse, alors presque toujours mortelle.
2. **Débitrice :** personne qui doit quelque chose (une dette financière ou morale).
3. **Des professeurs libéraux :** des professeurs qui, défendant la liberté, n'obéissaient pas aux ordres de l'Administration.

– Oui… Il faut se représenter ce qu'était le Ghetto de Varsovie pour comprendre », dit-elle.

Iréna Sendler a raison. Beaucoup l'ignoraient – beaucoup l'ignorent aujourd'hui encore. En septembre 1939, le jour du Grand Pardon, du Yom Kippour[1], la Pologne est envahie par les armées de Hitler. Un an plus tard, le 2 octobre 1940, le gouverneur nazi Ludwig Fisher décrète la création du Ghetto de Varsovie. Tous les Juifs de la ville, soit trois cent soixante-huit mille personnes, ainsi que ceux des faubourgs et des campagnes avoisinantes, c'est-à-dire six cent mille êtres en tout – l'équivalent de la population d'une ville comme Lyon –, sont regroupés et enfermés dans l'espace de quelques rues, sur un territoire de quatre cent huit hectares, littéralement coupé du monde.

« Ah, le Ghetto ! poursuit Iréna Sendler. Les Allemands l'ont verrouillé à l'automne 1940. Ma meilleure amie, Eva, était juive, et, soudain, elle se trouvait du mauvais côté du mur ! Tout est venu d'Eva. Il fallait que je la sauve, je ne pouvais pas la laisser là-bas ! Je lui ai demandé de venir se réfugier chez moi. Elle a refusé. Elle pensait qu'on avait besoin d'elle à l'intérieur du Ghetto. Elle n'a accepté ma proposition qu'à la fin, quelques jours avant l'insurrection, en avril 1943.

– Que faisait-elle dans la vie, votre amie Eva ?

– Elle était assistante sociale, comme moi. Avant, nous nous occupions des pauvres, Polonais et Juifs, et surtout des enfants. Les Allemands, en occupant Varsovie, ont coupé toute aide sociale aux Juifs. Et lorsque le Ghetto a été fermé,

1. **Yom Kippour :** « jour de l'expiation » en hébreu, encore appelé jour du « Grand Pardon » ; c'est la fête la plus sainte de la religion juive. Le jour, précis, de sa célébration, généralement en septembre, varie selon les années.

avec interdiction d'en sortir, leur situation a empiré. Alors je me suis organisée avec des amies pour les secourir. Et... »

La voici, la chaîne des mille Polonais nécessaires pour sauver un Juif...

« Qui étaient ces amies ?

– Mes collègues. Comme nous avions un budget officiel, nous donnions de l'argent aux Juifs dont nous nous occupions auparavant. Il suffisait de leur inventer des noms polonais sur nos formulaires...

– Vous entriez dans le Ghetto ?

– Oui.

– Je croyais qu'il fallait un laissez-passer.

– Les Allemands redoutaient les épidémies et laissaient circuler les voitures de désinfection et les ambulances. Grâce au docteur Makowski, un médecin qui dirigeait le service sanitaire du côté "non juif" de la ville, nous avions des laissez-passer et nous pouvions parcourir le Ghetto dans ces voitures de santé. Nous apportions de l'argent, de la nourriture. Mais la famine s'aggravait, et les enfants étaient les plus touchés. J'ai décidé de les sauver à tout prix. Je connaissais des hospices prêts à les accueillir à l'extérieur du Ghetto : il s'agissait juste de les faire sortir. Il y avait plusieurs possibilités, et d'abord les ambulances. Je déclarais que je venais évacuer un malade contagieux. Quand nous ressortions avec des enfants cachés dans la voiture, les Allemands s'écartaient sans contrôler, par peur de la contamination. Nous pouvions aussi soudoyer[1] certains gardes. Et puis le Ghetto n'était pas totalement hermétique[2]. Certaines maisons donnaient sur

1. **Soudoyer :** corrompre par de l'argent.
2. **Hermétique :** fermé.

deux rues différentes, l'une dans le Ghetto, l'autre dans le Varsovie "normal". Il y avait plusieurs bâtiments publics dans ce cas : le tribunal, par exemple, ou le dépôt de tramways de la place Krasinski. Enfin, nous connaissions des passages par des caves et des souterrains... »

... Oui, il était possible de braver l'interdit, de sortir du Ghetto. Mais suffisait-il d'ôter son étoile jaune[1] et, faux papiers en poche, de marcher d'un air dégagé ? Ensuite, où aller ? Il fallait des amis sûrs, ou un réseau fidèle qui offrirait adresses, cachettes et relais. Beaucoup, parmi les Juifs du Ghetto, le savaient : ils n'auraient pas fait dix pas dehors sans être arrêtés – deux mille ans d'exil[2] n'avaient pas atténué le noir de leur chevelure, si vite repérable au milieu des têtes blondes de la foule polonaise.

« Et les enfants, madame Sendler, comment les récupériez-vous ?

– Dans le cadre de notre action sociale, mon amie Eva travaillait avec les dirigeants de la communauté juive, qui nous donnaient les adresses des familles nécessiteuses[3], et j'y allais. Imaginez : j'arrivais chez des gens qui ne m'avaient

1. **Étoile jaune :** étoile en tissu jaune que les nazis obligeaient les Juifs à porter sur leurs vêtements afin de les reconnaître.
2. **Deux mille ans d'exil :** exil qui dure depuis la prise de Jérusalem par les Romains, en l'an 70 de notre ère.
3. **Des familles nécessiteuses :** des familles dans le besoin, qui manquent du strict nécessaire pour vivre.

jamais vue, et je leur annonçais que je pouvais sauver leur enfant. Tous, ils me posaient la même question : pouvais-je leur garantir que leur fils ou leur fille survivrait ? Mais il n'y avait nulle garantie. Je n'étais pas même sûre de sortir vivante du Ghetto. Certains parents se méfiaient, et refusaient de laisser partir leur enfant. Je revenais le lendemain dans l'espoir de les convaincre, et parfois leur immeuble était détruit. Les nazis y avaient mis le feu, pour le plaisir de voir brûler des Juifs. Mais le plus souvent on me confiait l'enfant. Le père, la mère, les grands-parents pleuraient, et j'emmenais le petit. Quelle tragédie, chaque fois ! Les enfants, séparés de leurs mères, ne cessaient de sangloter tout le long du chemin, et nous aussi nous pleurions. Pour éviter que leurs pleurs n'alertent les nazis, notre chauffeur avait trouvé une solution : dans l'ambulance, il emmenait un chien féroce. À l'approche des gardes, on lui marchait sur la patte et ses aboiements couvraient les cris des enfants... »

J'écoute Iréna Sendler. Les murs jaunes de son appartement s'effacent, et je l'imagine à l'époque, à l'âge de trente ans, des larmes plein les yeux, faisant hurler un dogue[1] pour tromper les SS[2]. Tant de courage, tant de ruse pour que ses protégés passent, sauvés par un chien méchant... Je pense à tous ceux que d'autres chiens ont traqués, débusqués[3] devant des mitraillettes.

Iréna Sendler poursuit :

1. **Un dogue :** un chien à grosse tête et fortes mâchoires, donc dangereux.
2. **SS :** initiales pour l'expression allemande « SchutzStaffel », désignant des unités policières et militaires qui se livrèrent à d'atroces massacres et tortures.
3. **Débusqués :** délogés.

« Nous n'étions pas héroïques. C'étaient les enfants juifs qui étaient les véritables héros. Avant leur départ, les parents leur expliquaient : "Écoute bien. Tu ne t'appelles pas Rachel, mais Roma. Ton nom n'est pas Isaac, mais Yacek. Répète. Répète dix fois, cent fois, mille fois. Et ta sœur et toi, vous êtes polonais." Pour pouvoir survivre, ils apprenaient ainsi à renier leur nom, leur famille, leurs parents. Oui, ce sont eux, les héros. Après toutes ces années, je les entends encore, en rêve, apprenant en pleurant leur nouvelle identité avant d'être séparés de leurs parents...

« Avec des amies, j'ai mis sur pied quatre maisons d'aide sociale où ils restaient le temps nécessaire – des jours, des semaines, des mois entiers – pour surmonter l'état de choc où cette situation les avait plongés. On leur réapprenait même à rire. Alors seulement on pouvait les placer. Parfois dans des familles d'accueil, mais le plus souvent dans des couvents, avec la complicité des mères supérieures[1]. Jamais on ne m'a refusé un enfant. Je les plaçais chez sœur Nipokolanski, chez les sœurs visiteuses du Christ et au couvent de Plody. Nous avions aussi une maison au 96, rue Leszno, où nous abritions quelques mères évadées du Ghetto. Il fallait beaucoup d'argent pour les entretenir tous et toutes. À partir de 1942, les Allemands nous ont contrôlés de près, et nous ne pouvions plus utiliser les fonds de l'aide sociale. Heureusement, à l'automne de la même année s'est créée Zégota, une association socialiste de résistance qui voulait bien aussi aider les Juifs. Zégota disposait de fonds qui provenaient du gouvernement polonais en exil à Londres. Le président de ce groupe de résistants est devenu plus tard ambassadeur de

1. **Mères supérieures :** les sœurs dirigeant des couvents.

Pologne à Vienne. J'étais allée le voir. Il a aussitôt décidé de nous venir en aide.

– Iréna, lui dis-je, je n'arrive pas à comprendre. Comment avez-vous trouvé assez de Polonais pour accueillir autant d'enfants ? »

Ma question l'étonne.

« Tous ces gens étaient de Varsovie ! Je suis née dans cette ville. J'y ai toujours vécu, et j'y connais beaucoup de monde. Je peux dire que dans mon milieu les gens étaient bons. J'avais des listes entières de volontaires, mais j'envoyais la plupart des enfants dans les établissements religieux. Je savais que je pouvais compter sur les sœurs. Et puis il ne s'agissait pas seulement de sauver la vie de ces enfants. Je voulais les sauver pour ce qu'ils étaient, pour qu'ils sachent rester juifs. Je souhaitais que leurs familles puissent les retrouver après la guerre, ou qu'ils connaissent au moins leur origine s'ils devaient rester orphelins. Pour conserver leur véritable identité, masquée sous de faux noms polonais, j'ai dressé une liste. Ils étaient si nombreux ! Je notais par exemple : *Marisia Kowalska égale Rachel Grindek*. Pour des raisons de sécurité, j'étais la seule à posséder cette liste. Quand les Allemands ont fait irruption chez moi, en octobre 1943, j'avais pris mes précautions, et ils ne l'ont pas trouvée. Sinon, c'était la mort pour tout le monde : les enfants, leurs familles et toutes mes amies.

– Où avez-vous caché cette liste ?

– Une amie à moi était à la maison. Elle avait glissé la liste dans le revers de la manche du peignoir qu'elle portait. C'était une bêtise : si les Allemands nous avaient fait lever les bras en l'air, le papier tombait. Quand ils trouvaient un homme dans une maison, les Allemands lui faisaient lever les mains.

Ils ne donnaient pas cet ordre quand ils avaient affaire à des femmes seules. Heureusement, mon mari était dans un camp de concentration : nous n'avons pas eu à lever les mains. »

Après coup, je mesure l'énormité du propos : « Heureusement, mon mari était dans un camp de concentration » ! Nul doute que Mme Sendler ne se réjouissait en rien du sort de son époux. Mais le sauvetage de cette liste revêt à ses yeux une telle importance que, cinquante ans plus tard, elle en arrive à ce raccourci hallucinant.

Elle poursuit :

« Quand je me suis retrouvée à la prison de Pawiak, j'ai pu envoyer un message codé à l'organisation Zégota pour les rassurer : "Soyez tranquilles, les Allemands n'ont pas la liste." Après la guerre, j'ai pu remettre cette liste à l'organisation.

– Et les Juifs survivants ont pu récupérer leurs enfants ?

– Oui. Et ceux des enfants dont toute la famille avait disparu ont été envoyés par la suite en Israël... »

Ce sauvetage en masse me déconcerte. Je suis troublé. J'ai si ardemment désiré qu'il y ait eu des Polonais pour tendre la main aux Juifs en détresse, et, maintenant que j'ai en face de moi l'une de ces personnes, l'inaction des autres me paraît plus inadmissible encore.

« Toutes mes amies étaient catholiques. Vous savez, quand on choisit d'être assistante sociale, cela veut dire qu'on a le sens du malheur d'autrui. C'était notre devoir.

– Vous m'expliquez de quelle manière votre petit groupe a sauvé deux mille cinq cents enfants. Combien de milliers d'autres aurait-on pu sauver avec plusieurs groupes comme celui-là ?

– Oui, bien sûr... Mais il aurait fallu deux choses : la volonté et le courage. Vous me regardez et vous croyez avoir rencontré la seule Polonaise sensible au malheur juif. Pas du tout ! Quand on longeait le Ghetto en tramway et qu'on voyait une mère jeter son enfant par la fenêtre d'un immeuble en flammes dans l'espoir que quelqu'un le ramasse, il aurait fallu être de pierre pour ne pas s'émouvoir. Beaucoup de Polonaises pleuraient, mais elles ne faisaient rien. Les gens avaient très peur.

– Et vous-même, avez-vous eu peur ?

– Oui, ça m'est arrivé. Mais on a de la bravoure, on a du courage quand on est jeune. Je voulais résister aux nazis. Je voulais sauver mon amie Eva, tendre la main aux victimes. Quand les Allemands m'ont arrêtée, j'ai dû marcher avec eux à travers la cour jusqu'à leur voiture. Je me demandais comment leur dissimuler ma frayeur. C'est en dominant ma peur que j'ai pu tenir... Aujourd'hui, je me rends bien compte que je n'ai pas fait tout ce que j'aurais pu. J'ai des remords[1], et j'en aurai jusqu'à la fin de mes jours... »

Iréna pleure.

Je suis moi-même très ému. Voilà une situation incroyable. Lorsqu'on interroge les pires bourreaux, des nazis coupables de milliers d'assassinats, ils ne se déclarent responsables de rien, arguant[2] n'avoir fait qu'obéir aux ordres. Mais les Justes, les sauveteurs, les bons, se reprochent, eux, et leur vie durant, de n'avoir pas pu faire davantage.

Lorsque je prends congé d'Iréna Sendler, je repense à l'une de ses premières phrases : « Tendre la main à quelqu'un qui a besoin d'aide ? Mais... c'est normal ! »

Par ce geste « normal », elle a risqué sa vie des dizaines, des centaines de fois. Par ce geste « normal », deux mille cinq

1. **Remords :** regrets accompagnés d'un sentiment de honte.
2. **Arguant :** prétextant.

cents enfants ont survécu. Et elle se reproche de n'avoir pu faire plus...

Mystère, profond mystère que le sens du Bien !

Pologne toujours : après avoir quitté Iréna Sendler, je décide de me rendre à Plody, dans l'un des couvents auxquels Iréna confiait ses protégés. Je consulte mes notes : le couvent est mentionné par Margaret Acher, Juive polonaise qui, à Paris, m'a raconté son histoire. Elle et sa sœur, très jeunes, y ont été recueillies par une religieuse, une Juste, à qui elles doivent la vie : sœur Ludovica. Elles sont restées en relations[1]. Je tiens les deux maillons de la chaîne : l'être sauvé, l'être qui sauve.

D'abord, la rescapée : Margaret Acher est une personne menue, volubile[2], au regard vif et passionné. Née en 1930 à Paris, où ses parents faisaient leurs études, Margaret accomplit les siennes entre Varsovie et Paris. Elle appartient à une famille juive de Pologne, une famille juive « assimilée » : chez elle, on ne connaît pas l'hébreu[3], on ne parle pas un mot de yiddish, on n'observe pas les fêtes juives, dont on se souvient à peine. Sa mère, par prudence, a même fait baptiser ses filles, qui sont donc catholiques. Les amis de la famille sont des intellectuels polonais catholiques. Son père, brillant avocat, a été officier dans l'armée polonaise.

1. **En relations :** en rapport, en contact.
2. **Volubile :** qui parle avec abondance et rapidité.
3. **Hébreu :** langue du peuple juif.

En 1939, toute la famille séjourne à Paris lorsque le grand-père, lui aussi avocat, meurt à Varsovie. Il faut retourner en Pologne pour les obsèques. Les Allemands arrivent... et les Acher sont pris au piège du Ghetto. Impossible de repartir. Impossible de regagner la France. En rendant l'âme, le malheureux grand-père avait entraîné les siens dans une redoutable aventure.

À l'intérieur du Ghetto, ces Juifs aisés, à demi catholiques, ignorant le yiddish[1], oublieux de l'hébreu[2], seront plutôt mal considérés. Ils ont cependant quantité d'amis influents, haut placés – parmi lesquels le procureur de la République[3] –, qui, là-bas, en ville, pourraient les aider. Mais la petite Margaret, qui a dix ans, pose un problème : il est difficile à une famille polonaise de l'héberger, sinon en la cachant de tous en permanence. C'est qu'elle a, selon ses propres paroles, un *mauvais visage*. Expression terrible, qui relève de la malédiction. Un mauvais visage, c'est-à-dire un visage sémite[4], immédiatement repérable.

« Je le maudissais, dit-elle, ce visage. J'aurais préféré être bossue, avoir une jambe plus courte – mais avec des cheveux blonds et des yeux bleus ! Mais non, j'étais plutôt jolie, sans difformités – et tout à fait brune ! Pour sortir du Ghetto sans risque d'être aussitôt identifiée comme juive, il fallait m'affubler[5] d'un chapeau doublé d'un important col de fourrure pour dissimuler ma chevelure et mon nez. J'ai pu me cacher

1. **Le yiddish :** voir note 3, p. 20.
2. **L'hébreu :** voir la note 3, p. 30.
3. **Le procureur de la République :** le magistrat qui, dans un procès, représente l'État.
4. **Sémite :** juif.
5. **M'affubler :** m'équiper, me déguiser.

quelque temps chez la nièce du procureur de la République, amie de mes parents. Elle vivait avec sa tante et elles devaient partir en vacances ensemble. Elles m'ont laissé de la nourriture et je suis restée seule. Je ne devais ni tirer la chasse d'eau ni faire aucun bruit, car les voisins savaient qu'elles étaient en vacances. Je suis restée là deux ou trois semaines. C'était diabolique. Ensuite, ma sœur et moi avons été emmenées dans un couvent près de Varsovie, à Plody : le couvent des sœurs de la famille de la Vierge Marie. Il en existe plusieurs à travers la Pologne. À Plody, une quarantaine d'enfants juifs étaient déjà cachés. Ils étaient amenés par différents canaux[1], dont la filière d'Iréna Sendler. Mais certaines familles accompagnaient leurs enfants. Sœur Ludovica vous le dira : jamais les parents ne se présentaient comme tels ; ils préféraient annoncer qu'ils étaient un oncle ou une tante de l'enfant, et qu'ils venaient le confier au couvent. Ils donnaient le nom de l'enfant, puis partaient vite en rasant les murs. Les sœurs devaient transformer le nom et garder le secret absolu. Chaque enfant juif savait qu'il était juif, mais ne savait pas qui d'autre était juif, dans cette communauté de plusieurs centaines d'« orphelins » juifs et non juifs. Sœur Ludovica m'a raconté cette histoire très drôle d'une petite fille juive disant à une autre : “Je ne voudrais pas être l'amie d'une Juive”, en ignorant que l'autre aussi était juive ! Il y a eu, au couvent de Plody, des moments incroyables. La peur des bleus, par exemple. Les bleus étaient des policiers polonais – on les appelait ainsi à cause de leurs uniformes bleus – qui travaillaient main dans la main avec les nazis.

« Un jour, un bleu est venu au couvent. Il s'est adressé à

1. **Par différents canaux :** par différentes voies, filières.

la mère supérieure et lui a déclaré : “Je sais que vous cachez des enfants juifs, je vous demande de les dénoncer.” La mère supérieure lui a rétorqué : “Pourquoi ne le faites-vous pas vous-même ?” Réponse du bleu : “Non, je ne peux pas. Je suis catholique, j’ai été baptisé ici. Je ne veux pas aller en enfer...” Et la mère supérieure : “Pourquoi voudriez-vous que j’aille, moi, en enfer à votre place ?” Eh bien, le policier n’a jamais osé dénoncer le couvent aux Allemands ! »

Margaret Acher se souvient avec clarté de sa vie à Plody. Elle ignorait ce qui se passait lorsque la révolte a éclaté dans le Ghetto de Varsovie, mais, depuis le jardin du couvent, on voyait au lointain un énorme nuage de fumée au-dessus de la ville. Elle a demandé au jardinier ce que c’était. Il a répondu : « C’est les Juifs qui grillent ! »

Margaret Acher raconte. Ses souvenirs égrènent tellement de tonalités[1] ! Ainsi, cette histoire de l’officier de l’Armée rouge[2]. Les Allemands sont en déroute. L’officier soviétique descend de son char et demande, en mauvais polonais, à Margaret et à sa sœur : « Vous êtes juives ? » Elles ont peur de l’avouer, on ne sait jamais... L’homme insiste : « Depuis Stalingrad[3], j’avance avec l’espoir de sauver un enfant juif... » Mais les deux fillettes ne répondent pas et passent leur chemin. Quelques jours plus tard, en compagnie de leur père qui a pu, lui

1. **Ses souvenirs égrènent tellement de tonalités :** ses souvenirs se colorent de tons (de « tonalités ») très différents, tantôt tristes, tantôt gais, tantôt émouvants.
2. **L’Armée rouge :** nom de l’Armée soviétique.
3. **Stalingrad :** ville d’URSS, sur les bords de la Volga, où à la suite d’une terrible bataille (du 19 septembre 1942 au 2 février 1943), l’armée allemande subit sa première grande défaite.

aussi, échapper aux massacres, elles croisent l'officier. Margaret raconte à son père ce qui s'est passé. Celui-ci interpelle le Soviétique et lui explique. L'officier se tourne alors vers les deux filles : « Vous m'avez fait une des plus grandes peines de ma vie... Je suis juif. Depuis Stalingrad, partout où je passe, je cherche à retrouver des gens de ma communauté. Mais il n'y a plus personne... J'arrive ici, je vois deux fillettes juives, et elles ont peur de me dire qui elles sont ! »

La remarque de cet officier – sans doute un être hors du commun – résume la situation d'alors : depuis Stalingrad, plus un Juif ! Trois millions et demi vivaient en Pologne avant la guerre. Je demande à Margaret Acher s'ils n'étaient pas trop nombreux pour pouvoir se cacher.

« Ils étaient surtout très différents, me dit-elle. Reconnaissables à leur accent. Ils utilisaient des mots yiddish ou d'origine hébraïque[1] qui les faisaient repérer très vite et dénoncer. Et puis les visages, les cheveux... En France, la population est mélangée : mon visage et mes cheveux noirs ne me font pas particulièrement remarquer.

– En France aussi on a dénoncé...

– Oui. Mon mari l'a été par son métayer[2]. Cela se passait à quinze kilomètres de Nice !

– En Pologne, l'énorme proportion de Juifs dénoncés et massacrés vient-elle du fait qu'il était difficile de les cacher pour la simple raison qu'ils étaient différents ? »

C'est alors qu'elle m'assène cette observation dont je me suis souvenu au cours de mon entretien avec Iréna Sendler :

1. **D'origine hébraïque :** d'origine juive.
2. **Métayer :** exploitant agricole qui, ne possédant pas les terres qu'il cultive, en partage les récoltes avec le propriétaire.

mille Polonais pour sauver un Juif ; un seul Polonais pour dénoncer mille Juifs... En voici l'intégralité :

« Pour sauver un Juif en Pologne, il fallait mille Polonais. En effet, quand l'endroit où nous nous cachions n'était plus sûr, nous devions partir et trouver une autre cache. Une chaîne d'entraide était indispensable. Mais, inversement, pour dénoncer mille Juifs, un Polonais suffisait. »

Écrasante équation[1] ! C'est cependant sa dimension positive que je veux retenir, car elle signale la difficile permanence du Bien, de cette chaîne de solidarité qui œuvrait en dépit de la barbarie ambiante. Le couvent de Plody en constituait l'un des hauts lieux. Margaret Acher m'a préparé un rendez-vous avec sœur Ludovica. Elle est la dernière, dans le couvent, à pouvoir désormais évoquer cette période. Cinquante années ont passé, et toutes les autres sœurs ont disparu.

À notre arrivée à Plody, deux enfants blonds se lancent des boules de neige dans le clair-obscur[2] de cette fin d'après-midi. Sans doute, jadis, y avait-il des enfants bruns pour jouer en ces mêmes lieux. Sœur Ludovica m'attend. Lorsque j'ai téléphoné, il y a quelques jours, pour ce rendez-vous, l'actuelle mère supérieure du couvent n'était guère encourageante :

« Mais sœur Ludovica est très âgée ! Elle a des troubles de mémoire. Je ne crois pas qu'elle puisse rien vous dire. »

---

1. **Équation :** formule mathématique ; le terme est utilisé ici pour mettre l'accent sur la froide logique des chiffres, absurde et implacable.
2. **Clair-obscur :** douce pénombre précédant le coucher du soleil.

J'avais insisté, et obtenu de pouvoir venir. Et sœur Ludovica me dit cette chose délicieuse :

« Je vous suis reconnaissante de venir me voir, parce que depuis trois jours je prie Dieu pour qu'Il me redonne un peu de mémoire et que je puisse tout vous raconter ! Et vous êtes là, et je me sens tout à fait en forme ! »

Nous nous faisons face de part et d'autre d'une table ronde, dans un angle du parloir[1]. Un grand tableau vertical, juste derrière elle, représente une Vierge Marie azuréenne[2] portant couronne d'or. Sœur Ludovica, avec son habit bleu sombre à collerette[3] blanche, est à la fois plus stricte et plus souriante. L'ovale de son visage, qu'allonge l'encadrement de sa coiffe de religieuse, laisse filtrer une expression de douce gravité. Pour sœur Ludovica, qui parle avec naturel, tout est venu, dit-elle, *de l'intérieur* :

« Je suis très heureuse que ces enfants aient pu survivre, qu'ils aient pu s'en sortir. C'est une satisfaction, oui... Mais ce que j'ai fait, c'était une raison du cœur. Les adultes, en principe, peuvent se débrouiller tout seuls – les enfants, non. Donc, tous les enfants qui venaient ici étaient acceptés. On ne savait pas comment tout ça allait finir. On a tout fait pour qu'ils survivent, tout ce qu'il était possible de faire... C'était une exigence du cœur, une exigence de l'intérieur. »

Elle m'explique comment se passaient les choses dans le couvent pendant la guerre : chaque sœur était responsable d'un petit groupe d'enfants ; elle-même avait en charge trente-cinq petites filles juives. Elle raconte :

1. **Parloir :** pièce du couvent dans laquelle sont admis les visiteurs qui veulent s'entretenir avec une religieuse ou un religieux.
2. **Azuréenne :** de la couleur de l'azur, c'est-à-dire bleu ciel.
3. **Collerette :** petit linge fin qui entoure le cou et qui fait office de col.

« Aujourd'hui, certaines sont en Amérique, d'autres en Israël, d'autres en France. Régulièrement, l'une ou l'autre vient me voir. J'ai d'ailleurs quantité de leurs cartes de visite. Tenez, j'ai même la liste de tous leurs noms, avec leurs adresses. Rendez-vous compte : elles ont pu être sauvées de la mort, et maintenant elles ont des enfants, et certaines sont grands-mères !

– Quand l'Armée rouge a libéré la région, que s'est-il passé pour ces enfants ?

– Toutes ont été récupérées par des parents, ou des amis, qui les savaient ici, cachées au couvent. Une seule, que personne ne réclamait, est restée. Puis quelqu'un est venu pour l'emmener en Palestine. C'était bien avant la création d'Israël.[1] Mais elle n'a pas voulu suivre, elle préférait rester au couvent. Je ne sais pas où elle est allée ensuite.

– Convertie[2] ?

– Catholique, oui. Sans doute est-elle partie dans l'un de nos autres couvents, je ne me souviens plus. »

J'ai une pensée pour Margaret Acher, dont sœur Ludovica me parle avec joie. Je pense également à d'autres Juifs convertis. Pour les nazis, en Pologne, cette conversion était sans valeur. À leurs yeux, la cinquième génération de Juifs convertis restait juive. Dans le Ghetto, il y avait, outre l'église en briques rouges de la rue Novolopki, près de la rue Smocza, une autre église, rue Leszno, grise, et remplie chaque jour de catholiques. Ces catholiques du Ghetto étaient des Juifs convertis, de même que leur curé. Tous ont péri, comme les autres Juifs qui n'avaient pu sortir du piège...

---

1. **La création d'Israël :** la création de l'État d'Israël date de 1948.
2. **Convertie :** qui a changé de religion.

Je demande à sœur Ludovica :

« On m'a dit que les nazis étaient venus trois fois inspecter le couvent ?

– Ils n'y ont vu que des enfants chrétiens, glousse-t-elle. Vous voyez la petite chapelle dans le parc ? C'est là qu'on emmenait prier les enfants. On mettait les petites Juives le plus loin de la porte, tout près du crucifix, tout près de Jésus : comme ça, quand les Allemands venaient, ils ne voyaient que des têtes blondes. »

Je visite cette chapelle. Elle est restée, me dit sœur Ludovica, telle qu'elle était à l'époque. À l'entrée, des casiers pour de petites bottines d'enfants. Une image me traverse, toujours intacte en moi, bouleversante. À Auschwitz[1], où mon père m'a emmené à notre retour de Russie, juste à la fin de la guerre, il y avait une montagne de chaussures d'enfants. J'avais dix ans. *Four crématoire*[2], je ne comprenais pas bien. Il y avait aussi une montagne de lunettes et une montagne de cheveux : je les ai vues sans les voir. Mais ça, cette montagne-là, uniquement constituée de petites chaussures... j'ai senti, j'ai vraiment su, à ce moment, le vide immense qui s'ouvrait là. Des milliers d'enfants comme moi, et puis plus rien : des chaussures, une absurde montagne de chaussures. Je me secoue. Je retourne auprès de sœur Ludovica.

« Pourquoi tant de Polonais n'ont-ils rien fait, tant de catholiques, pour aider les enfants juifs ? »

Sœur Ludovica reste silencieuse une fraction de seconde, puis, regard et voix clairs, se met à rire.

---

1. **Auschwitz :** nom d'un des plus grands camps d'extermination de Pologne.
2. **Four crématoire :** four où étaient brûlés les cadavres dans les camps d'extermination.

« Demandez-le-leur !

– Pourquoi, vous, avez-vous sauvé des enfants juifs ? »

Elle sourit. Derrière ses fortes lunettes, ses yeux rayonnent d'une chaude simplicité.

« Pour Dieu, bien sûr. Parce que Dieu a dit qu'il fallait aider son prochain. Et puis... »

Elle s'interrompt, et d'une voix limpide :

« On ne pouvait pas ne pas sauver des enfants juifs, parce que... quand on sauvait un enfant juif, c'était comme si on sauvait l'Enfant Jésus. »

Je les ai vues l'une après l'autre, mais elles s'unissent dans mon souvenir, ces trois dames qui ont sauvé des familles juives.

Zofia Doboszynska, Zofia Sterner, Alicia Szczepaniak : je les admire, ces Justes qui ont fait sortir des mères juives et leurs enfants du Ghetto. Elles ont recueilli dans leurs propres et modestes appartements, à Varsovie même, au milieu des Allemands, ceux des persécutés que nul ne voulait héberger, parce que trop compromettants : une petite fille et sa tante, par exemple, que l'accent et le visage désignaient d'emblée comme « non aryennes[1] ».

Avec ces trois femmes, que relayaient leurs maris, leurs enfants et la complicité silencieuse des voisins (parfois de tout un immeuble), je suis une fois de plus en face d'un

1. **Aryennes :** selon les nazis, l'aryen incarnait l'élément pur et supérieur de la race blanche.

réseau de solidarité improvisé mais sans faille : discret, efficace, et comme allant de soi. Non, *tous* les Polonais n'ont pas pu être antisémites ou indifférents à la tragédie juive...

Je questionne Zofia Doboszynska :

« Madame, vous êtes de confession évangéliste[1], votre premier mari était catholique, le second aussi – et vos deux maris et vous, vous avez sauvé des Juifs pendant la Seconde Guerre mondiale. Pourquoi ?

– S'il s'agit de mon premier mari, il voulait m'aider. Il m'aimait. Il m'avait perdue en tant que femme, mais il m'aimait beaucoup et il croyait qu'il fallait me venir en aide, que le danger était énorme – et il m'a aidée ! Il a caché chez lui, pendant plus de deux ans, une femme juive avec son enfant parce que je le lui avais demandé. Cette femme est aujourd'hui au Canada, où elle est allée rejoindre son frère. Elle s'en est très bien sortie. Un jour, j'ai reçu un petit cadeau de là-bas : de la soie, qu'elle m'envoyait avec une lettre pour me dire qu'elle n'a jamais oublié qu'à l'origine c'est moi qui leur avais sauvé la vie, à elle et à son enfant... »

J'écoute Zofia Doboszynska, je la regarde parler. Elle devait être très belle, à l'époque où deux hommes l'aimaient. Aujourd'hui, dans son appartement aux abat-jour tamisés[2], au centre d'un décor douillet, paisible, elle évoque la situation avec un détachement amusé. Mais cette distance est feinte : en vérité, elle savoure aujourd'hui encore cet amour, mué en une sorte de respect inconditionnel, que continuait de lui vouer son ex-mari. Cette femme a été beaucoup aimée, et ceux qui l'aimaient lui restaient fidèles en esprit. Cette

1. **De confession évangéliste :** de religion protestante.
2. **Tamisés :** filtrant et adoucissant la lumière.

fidélité, cette solidarité de l'ancien époux ont permis le sauvetage de deux êtres.

« Et votre second mari ? Pourquoi a-t-il aidé des Juifs ? Le premier, c'était parce qu'il vous aimait – et le second ?

– Mon second mari croyait qu'il *fallait* le faire, qu'il fallait s'opposer à tous les ordres de Hitler. Nous haïssions cet homme. Tout le temps, tous les deux, nous avons prié Dieu que quelqu'un tue Hitler, qu'une bombe soit jetée sur Hitler. Cet homme, Hitler, est décédé d'une façon si terrible... N'insistons pas. »

Le visage de Zofia Doboszynska rayonne. Il n'y a pourtant aucune dureté dans son regard. Seulement une claire détermination. En parlant, elle a secoué plusieurs fois la tête pour appuyer son propos. La masse ondulée de sa coiffure a frémi, puis, le visage immobile et bien droit, Zofia s'est attendrie :

« Je dois vous dire que je n'ai personne au monde qui me soit plus cher ni plus proche que cette petite fille juive que j'ai sauvée du Ghetto alors qu'elle avait cinq ans... Du reste, aujourd'hui, nous sommes très liées, elle, sa famille et moi. Quand il y a une fête chez eux, Pâques ou le jour de l'an, chaque fois je suis invitée. »

Elle me tend une photo où je la reconnais, flanquée de deux gamines.

« Ça date de 1990, précise-t-elle. C'est moi, avec les petits-enfants de ma fillette du Ghetto !

– Comment avez-vous pu arracher cette enfant au Ghetto ?

– Je l'ai sortie, à pied, en la tenant par la main – et sa tante avec elle ! Mon mari a aussi fait sortir du Ghetto une femme que je voulais sauver à tout prix : la mère de cette petite fille. Le père, la mère et la fille ont pu ensuite être hébergés. Mon mari, catholique fervent (moi, je suis évangéliste), a su trouver un couvent pour recueillir la petite. Restait la tante, avec sa tête sémite et son accent bizarre, qui baragouinait[1] le polonais plus qu'elle ne le parlait... En fait, son accent était lituanien[2], pour la bonne raison qu'elle était originaire de Lituanie ; mais, pour les gens d'ici, ça sonnait comme un accent encore plus "juif". Personne ne voulait courir le risque de se charger d'elle. Bon. Nous l'avons prise chez nous, dans le quartier de Praga, rue Radzyminska. Nous habitions un immeuble où ne vivaient que des ouvriers. Elle s'est mise à discuter, dans son langage à elle, avec tous les voisins. Chacun a vite été au courant. Eh bien, elle est restée pendant toute l'Occupation, protégée par tous les habitants de l'immeuble !

– Pourtant, tous couraient un grand risque !

– En Pologne, à l'époque, cacher un Juif se payait par la torture et la mort.

– Cinquante ans plus tard, Zofia, si la même situation se représentait, comment réagiriez-vous ?

– Oh, cinquante ans après, cette question doit prendre en considération ce qui a pu se passer depuis dans ma tête, dans mon cœur, dans mes sentiments. Peut-on s'imaginer qu'aujourd'hui, à mon âge, je sois toujours aussi courageuse ? Que je veuille encore attirer la mort sur moi ? Parce que, à l'époque, la mort me menaçait sans cesse...

– Il n'y a eu personne pour vous dénoncer ?

– Ah, il y avait un homme... On s'en méfiait. Mon mari avait fait une enquête à son sujet, et nous avons appris qu'il essayait de devenir *Volksdeutsch* ("Allemand d'honneur").

1. **Baragouinait :** parlait mal.
2. **Lituanien :** de Lituanie, un des pays Baltes.

Un jour, il a menacé mon mari à propos de notre protégée à l'accent lituanien. Mais mon mari lui a vertement[1] répondu que l'Organisation[2] le punirait s'il nous dénonçait. Tout Varsovie savait que l'armée de l'intérieur[3] se chargeait d'exécuter ce genre de traître. L'autre a eu peur, et il s'est tu jusqu'à la fin de la guerre. Notre Juive a pu être sauvée. Elle est restée deux ans et demi chez nous ! C'était une dame d'un certain âge, déjà. Elle est morte il y a maintenant vingt ans. Elle me préférait aux gens de sa famille... Quand elle a commencé à être très mal, ils m'ont demandé de venir. Je lui ai tenu la main jusqu'à la fin. »

Ce lien, jusqu'au bout, du sauveteur au sauvé, du sauvé au sauveteur, voilà une force dont je sens que je vais la retrouver plus d'une fois dans cette recherche des Justes. Mieux que de la reconnaissance, il y a là une telle confiance, un tel don, un tel abandon au Bien ! J'en suis si frappé que, lorsque Zofia Sterner me raconte comment elle sortait ses protégés du Ghetto, elle me paraît répondre à une question que j'avais négligé de poser à Zofia Doboszynska.

Pour Zofia Sterner, une seule méthode : traverser le tribunal. Et ce n'était pas sans danger.

« Pour les faire sortir du Ghetto, précise-t-elle, on passait par l'office du Trésor[4], oui, le tribunal. Il y avait une entrée sur la partie “aryenne” de Varsovie, et une autre sur le Ghetto. J'avais un ami à l'intérieur, un officier trésorier. C'est

1. **Vertement :** sans ménagement, brutalement.
2. **L'Organisation :** la Résistance.
3. **L'armée de l'intérieur :** autre nom de la Résistance qui, à l'« intérieur » du pays, luttait contre l'occupant nazi.
4. **L'office du Trésor :** le bureau des impôts.

là que ça a commencé. Mon mari et moi, nous avions de très bons amis, un couple mixte ; lui, polonais, sa femme, juive. Du jour au lendemain, les voilà séparés, et la femme obligée d'habiter le Ghetto ! C'était inadmissible, et, avec mon mari, nous l'avons sortie de là-bas, ainsi que deux autres femmes juives. Ces deux dernières, je ne sais comment elles se sont débrouillées ensuite. Elles avaient des points de chute en ville. Quant à notre couple d'amis, nous l'avons hébergé, le temps de procurer de faux papiers à la femme. Par la suite, nous avons caché bien d'autres personnes, le temps, là aussi, de leur trouver de faux papiers. Mon mari travaillait pour beaucoup d'organisations clandestines, il savait comment faire... »

Et c'est ainsi que, durant toute l'Occupation, les Sterner vont se dévouer corps et âme à la cause qu'ils se sont spontanément choisie : sauver des Juifs, leur donner asile et leur permettre de repartir en des lieux plus sûrs, avec des documents protecteurs en poche.

« Vous preniez de grands risques, votre mari et vous ! Avez-vous eu peur ?

– En y réfléchissant bien, je crois que non. Je n'avais pas peur. Je pensais que c'était une chose tout à fait naturelle. On savait qu'il fallait aider les gens. Ce n'est même pas de la pitié, c'est normal, c'est tout simple.

– Madame Sterner, cinquante ans après, s'il se reproduisait des événements aussi horribles, avec une situation aussi tragique, est-ce que vous feriez la même chose, est-ce que vous aideriez à nouveau ces gens ?

– Oui, bien sûr. Mais maintenant je suis vieille, j'ai quatre-vingt-cinq ans. Je ne sais pas si j'aurais assez de force... mais je suis sûre que ma fille ferait tout comme moi ! »

Avec Alicia Szczepaniak, j'ai affaire à une personne d'une autre génération. Moins âgée que les deux Justes que je viens de rencontrer (elle avait treize ans en 1943), elle témoigne plus pour le courage de sa mère, décédée aujourd'hui, que pour le sien propre, qui, pourtant, fut bien réel. Depuis la mort de son père, en 1939, sa mère et elle habitaient le quartier de Praga. Elles logeaient dans une seule pièce, au premier étage, sans commodités[1] ni le moindre confort, dans des conditions très dures. Là aussi une discrète cohorte[2], une litanie[3] de désespérés, a trouvé refuge et protection, au prix d'incroyables astuces pour pouvoir, simplement, parvenir à manger. Mais comment ne pas aider des gens que l'on connaît, que l'on aime ?

Alicia Szczepaniak se souvient :

« J'étais d'accord pour les cacher. Je les plaignais, je plaignais leur sort, je savais comme c'était difficile. Pour ma mère et moi, après la mort de mon père, c'était très dur de se nourrir, de survivre. Mais eux, ils avaient affaire à bien pire que nous ! J'avais l'impression de comprendre le malheur – leur malheur à travers le nôtre. J'ai passé des mois, des années, à trembler. Il ne fallait pas faire de bruit dans notre "appartement", avec Tatiana et Nina que l'on cachait dans l'armoire quand une voisine venait. Parce qu'il fallait se méfier des voisins. Jamais ils n'ont pu savoir que tant de Juifs sont passés chez nous ! On n'avait presque rien à manger – que de la soupe préparée par ma mère

1. **Sans commodités :** sans confort et, en particulier, sans toilettes.
2. **Cohorte :** groupe de personnes.
3. **Litanie :** une litanie est une énumération, une répétition lente et monotone ; ici, le mot est employé pour désigner une longue succession de personnes.

avec des épluchures de pommes de terre grasses qu'elle rapportait de la cantine de l'institution d'artisanat où elle travaillait. Mais personne n'a su... Il y a eu une alerte terrible avec les Allemands qui ont fouillé tout l'immeuble. J'étais seule. Je n'ai pas ouvert. Une voisine est sortie leur dire qu'il n'y avait pas d'homme dans cet appartement. Ils n'ont pas insisté... Une autre fois, un groupe d'Allemands s'est mis à tirer juste sous nos fenêtres : ils ont blessé un jeune garçon qui leur avait dérobé, comme tant d'autres le faisaient, du charbon et des pneus. J'ai eu très peur, ces deux fois-là. Je me suis mise à vivre dans une angoisse permanente. Cette angoisse était horrible parce que j'imaginais que ce pouvait être la fin à tout moment : la fin de ces Juifs, la fin pour ma mère, pour les voisins, pour moi... Mais aucun de nos amis juifs n'a été pris. »

Je lui pose la même question qu'aux autres :

« Madame Szczepaniak, cinquante ans plus tard, si la situation redevenait aussi terrifiante qu'à l'époque, recommenceriez-vous à aider des Juifs en détresse ?

– Oui, oui. J'essaierais même de faire plus. Je ne souhaite à personne que ça recommence, à personne ! Mais vous savez, ma mère, après la fin de la guerre, avait des remords – oui, des remords ! Elle se disait qu'elle n'avait fait que très peu de choses pour ces gens, très peu... Qu'elle aurait peut-être pu, qu'elle aurait dû, mieux s'organiser... Il n'y aura plus jamais une telle situation ! Espérons-le. Espérons-le fort, pour nos enfants, pour nos petits-enfants...

– Souhaitons-le, oui. Mais comment expliquez-vous que si peu de gens aient pris le risque de sauver des Juifs, comme votre mère et vous l'avez fait ?

– Il y avait bien des raisons à ça... Mais, tout d'abord, il y avait la peur, monsieur. Je sais qu'il y avait des maisons, des familles avec des hommes, des femmes, des enfants, et les gens avaient peur pour leurs enfants, pour leurs femmes, pour eux-mêmes, peur pour tout. J'admirais d'autant plus ma mère. Chez nous, on était sans homme, plus de père, de mari. Peur ou pas, homme ou pas, elle a pris sa décision, et elle s'y est tenue ! »

En Allemagne

La seconde étape de mon voyage à la rencontre de Justes va se situer dans le pays plus inattendu, le plus révélateur aussi : en Allemagne.

En dépit des informations que j'ai déjà recueillies, j'ai du mal à imaginer qu'ici, au centre même du pouvoir hitlérien, des Juifs ont néanmoins pu se cacher, trouver aide et refuge et, pour certains, survivre. Comment le Bien, donc, pouvait-il se manifester au milieu d'une population soumise à une propagande[1] intense, à des contrôles incessants, et invitée sans retenue à la délation[2] la plus effrénée ?

Pourtant, voici les aventures de Kaethe Schwartz, qui a aidé des Juifs à survivre dans la cité berlinoise pendant la période nazie.

Inge Deutschkron, qui lui doit la vie, raconte :

« À la fin de la guerre, il restait à Berlin entre huit mille et dix mille Juifs. La plupart étaient issus de mariages mixtes[3] ; quelques-uns revenaient des camps[4]. On peut estimer entre mille cinq cents et deux mille le nombre de personnes qui avaient pu, comme moi, survivre dans la clandestinité... »

---

1. **Propagande :** action destinée à influencer l'opinion publique pour l'amener à soutenir telle ou telle idée.
2. **Délation la plus effrénée :** dénonciation la plus sauvage, la plus excessive.
3. **Mariages mixtes :** l'un des deux époux était allemand, l'autre juif.
4. **Camps :** camps de concentration nazis.

Inge Deutschkron est vive, grave et souriante. Sous un casque de cheveux bruns coiffés à la garçonne, son visage, mobile et expressif, ne cesse de capter l'attention : le regard, chez elle, parle plus encore que la bouche. Les hautes fenêtres de l'appartement ouvrent sur des feuillages que je n'identifie pas ; le témoignage d'Inge Deutschkron est, pour moi, inédit et impressionnant. Elle fait partie de ces rescapés, de ces *épargnés* qui ont pu, sans jamais se faire prendre par les nazis, passer à Berlin même les douze terrifiantes années que dura leur règne[1]. Elle est émue lorsqu'elle évoque Kaethe Schwartz ou Klara Munzer, deux de ses bienfaitrices de l'époque.

Je veux en savoir davantage :

« Survivre, dites-vous... Mais comment un Juif pouvait-il seulement *vivre* dans la capitale du Reich[2] ? Caché tout le temps dans une cave ?

– Non. Nous vivions, comme je le disais, dans une certaine clandestinité. Nous ne portions pas l'étoile jaune, sortions en ville et présentions un comportement normal : nous étions, selon le terme de l'époque, des "sous-marins". La plupart du temps, nous n'avions même pas de faux papiers ; dans une grande ville, on se noie plus facilement dans la foule. Certains jours, il nous arrivait d'ignorer où nous pourrions dormir le soir venu. Mais il y avait toujours quelqu'un pour aider. En tout, vingt familles berlinoises nous ont aidées, ma mère et moi. Il fallait changer souvent de lieu. Je ne sais pas si les Berlinois sont particulièrement curieux, mais les voisins des gens chez qui nous allions finissaient toujours par poser des

1. **Les douze terrifiantes années que dura leur règne :** le nazisme débute lors de l'accession au pouvoir d'Hitler en 1933 et s'achève en 1945, par le suicide de celui-ci.
2. **Le Reich :** l'Empire, en allemand.

questions, des tas de questions : “Vous avez du monde chez vous ?... C’est votre famille, des amis ?...”, etc. Il valait mieux ne pas offrir de prise aux soupçons, et partir s’installer pour un temps chez d’autres amis. Nous n’avions pas d’adresse, mais nous en avons eu vingt...

– Et parmi ces familles, il y eut Kaethe Schwartz...

– Oui, poursuit Inge Deutschkron. À l’époque, j’étais vendeuse dans la librairie-papeterie d’un de nos amis. Je disais “*Heil Hitler*”[1] comme tout le monde, et personne n’aurait imaginé qu’une Juive clandestine fasse au grand jour ce que je faisais... Reste que, pour survivre, nous avions aussi besoin de cartes de ravitaillement[2], de nourriture... »

Il fallait donc, là encore, des réseaux d’amitié, des complicités actives, sûres. C’est ici, entre autres solides relais, qu’intervenait Kaethe Schwartz :

« La librairie où travaillait Inge était en quelque sorte devenue son refuge. Lors d’une de mes visites, elle a fermé la boutique à clé et m’a priée de rester. Puis elle s’est confiée à moi. Avant de me demander de l’aide, elle m’a avoué qu’elle devait changer d’abri et qu’elle savait que je cachais déjà une jeune fille juive à la maison. Je n’ai pas hésité un instant. Je lui ai procuré de la nourriture et de menus objets[3] dont elle avait besoin. Elle est souvent venue chez moi.

– Kaethe Schwartz, ajoute Inge, nous a fourni des cartes de ravitaillement et m’a présentée à cette Juive qu’elle cachait. C’est ainsi que Kaethe est entrée dans notre vie. »

---

1. **« Heil Hitler ! » :** « Vive Hitler » ! en allemand. C’était le salut que les nazis échangeaient entre eux.
2. **Cartes de ravitaillement :** cartes sans lesquelles il était impossible d’acheter de la nourriture, de « se ravitailler ».
3. **Menus objets :** objets de petite taille.

À écouter ces deux femmes, celle qui a sauvé comme celle qui fut sauvée, on se sent le cœur réchauffé, animé d'un souffle de confiance qui contraste vivement avec le climat délétère[1] de l'Allemagne d'alors – qui contraste également avec certaines ambiances contemporaines non moins inquiétantes. Je me souviens de ce bar enfumé de Berlin où j'étais allé la veille de ma visite à mes deux interlocutrices. Franchi le tourniquet de la porte-tambour[2], il n'y avait que des crânes rasés, ou presque : je venais de pénétrer dans un antre[3] de skinheads[4].

Je leur ai demandé ce qu'ils pensaient de la liquidation de millions de Juifs par les nazis. Affligeante et impossible discussion :

« La liquidation des Juifs par les nazis ? C'est de la propagande[5], des conneries !

– Propagande de qui ?

– Des Juifs eux-mêmes, bien sûr !

– Vous ne croyez donc pas que des millions de Juifs ont été massacrés par les nazis ? »

En guise de réponse, des rires.

« Que pensez-vous de ces Allemands qui ont aidé des Juifs pendant la guerre ?

– Aidé… des Juifs ?

---

1. **Délétère :** irrespirable parce que nuisible.
2. **Le tourniquet de la porte-tambour :** ensemble de quatre portes vitrées en croix et tournant autour d'un axe vertical pour laisser entrer les personnes. Ce genre d'installation est fréquent à l'entrée d'un édifice public (musée, hôtel…)
3. **Un antre :** un repaire.
4. **Skinheads :** en anglais « crânes rasés ». Les néonazis ont souvent le crâne rasé.
5. **Propagande :** voir la note 1, p. 48.

– Oui. Qui ont caché et sauvé des Juifs, ici, à Berlin et dans d'autres villes d'Allemagne.

– C'était leur affaire...

– Et que pensez-vous de ceux qui tuent des Turcs[1] et d'autres étrangers dans ce pays aujourd'hui ?

– Mais... ça n'a rien à voir ! »

Gras éclats de rire.

Je reviens à Kaethe Schwartz.

« Les Allemands m'ont déçue. Profondément déçue. J'avais des cartes de ravitaillement pour une personne, et je devais en nourrir cinq. Et aucun de mes voisins ne voulait m'aider, aucun. Je devais... Je devais mendier, oui, mendier ! Que si peu d'entre eux aient pu aider des Juifs ne m'étonne pas vraiment. L'égoïsme, la peur... Allez savoir. Mais, tout de même, les Allemands m'ont déçue.

– Cela pourrait-il recommencer ?

– Peut-être... Ici ou ailleurs... Vous savez, *les gens ne sont pas gentils.* »

Les gens comme Kaethe Schwartz avaient-ils conscience du danger qu'ils couraient ? Oui, bien sûr, et la signification de leurs actes ne leur échappait pas.

« Je dois dire que j'étais sans doute courageuse, murmure-t-elle, puis, un ton plus bas : C'était possible, puisque je n'ai pas été inquiétée ni arrêtée. La chance ! Mais il en fallait pour empêcher Hitler..., pour l'empêcher, si peu que ce soit, de nuire davantage, de tuer, de toujours tuer... »

1. **Des Turcs :** de nombreux Turcs résident et travaillent aujourd'hui en Allemagne.

On pouvait donc faire le Bien, même dans l'Allemagne hitlérienne. On pouvait faire le simple geste de donner du pain. Comme l'a fait Klara Munzer, qui est venue en aide, elle aussi, à Inge Deutschkron ainsi qu'à d'autres Juifs que son mari et elle recevaient dans leur boulangerie, et qu'ils cachaient, pour certains d'entre eux, à leur domicile.

Menue, les cheveux blancs bouclés parsemés de mèches rebelles, Klara Munzer, lorsqu'elle me reçoit, est assise dans un fauteuil qui jouxte[1] une abondante bibliothèque. La présence de livres chez nombre de ces Justes que j'ai rencontrés ne doit sans doute rien au hasard : il n'est pas indigne de la disposition naturelle au Bien que celle-ci soit renforcée, éduquée – cultivée, donc. Cette femme âgée qui est là devant moi, qui parle avec les mains croisées, dont le petit col de corsage blanc se détache sur un gilet bleu sombre, m'offre des mots simples. C'est d'expérience qu'elle parle, et cette expérience vient du fond même de la générosité la plus immédiate, la moins « apprise ». Les profonds sillons que le temps a imprimés sur son visage n'en effacent pas les expressions.

Au fur et à mesure qu'elle raconte, j'y lis une volonté sans emphase[2], une bonté qui fait son possible pour se cacher, pour ne pas s'afficher : tout était dangereux, certes, mais, de son point de vue, *évident*. Et puis Klara Munzer rit. Elle rit comme une enfant qui a joué un bon tour aux antisémites, lorsqu'elle explique comment elle a transformé Inge Deutschkron en « véritable Aryenne » :

« Je lui ai dit : Inge, je vais faire de vous une véritable Aryenne ! Je suis allée déclarer à la police que j'avais une amie

1. **Qui jouxte :** qui se trouve à côté de.
2. **Sans emphase :** sans style pompeux, avec des mots simples.

en détresse parce qu'elle avait perdu ses papiers. Je me suis portée garante, moi, une authentique Allemande, de ce que cette amie et les siens s'appelaient Richter, qu'ils étaient une famille Richter... Et ça a marché : je leur ai obtenu des pièces d'identité. Ils sont devenus des Richter : un nom banal, allemand, aryen. Et ils ont pu enfin trouver à se loger sans danger à l'hôtel. Le patron de l'hôtel, en les recevant, leur a dit : "Je vois bien que vous n'êtes pas des Juifs" ! »

À cette chute du récit[1], Klara Munzer pouffe de rire. Revenue au sérieux, elle explique :

« Dans notre boulangerie, qui était située à Charlottenburg, dans un quartier où vivaient beaucoup de Juifs, j'étais aux premières loges pour voir ce qui se passait. On venait les arrêter, et j'avais observé que certains s'étaient sauvés. Ils se cachaient. Parfois ils venaient chez moi, portant un insigne nazi ou un chapeau de deuil pour qu'on ne les reconnaisse pas ! Ils venaient parce qu'ils connaissaient mes opinions. Je les recevais. Je leur donnais des aliments : du pain, des gâteaux, de la farine.

– Et le danger ?

– Bien sûr, c'était très risqué. On a moins peur quand on est jeune. Aujourd'hui, à quatre-vingt-deux ans, je ne suis pas aussi alerte ! Mais... vous comprenez, c'était... comment dire ? C'était l'amour du prochain. Je ne supporte pas de voir quelqu'un souffrir. Et puis j'ai eu une éducation catholique, j'ai toujours entendu ma mère répéter : "Ce que tu fais au moindre de mes frères, tu me le fais à moi ; tu me le donnes à moi."

– Est-ce que vous aviez des contrôles nazis dans votre boulangerie ?

1. **Chute du récit :** fin inattendue du récit.

– Non. Mais j'ai été dénoncée une fois, accusée d'avoir vendu de la farine à un Juif, ce qui était interdit. Les policiers se sont montrés compréhensifs. Je leur ai fait remarquer que j'avais vendu cette farine à quelqu'un qui s'était présenté avec une carte d'alimentation et dont je ne pouvais pas deviner qu'il s'agissait d'un Juif. L'affaire n'a pas eu de suite... »

Je lui pose alors une question générale, qui, dans mon esprit, impliquait de sa part un jugement sur le comportement collectif des Allemands à l'égard des Juifs. Comme on va le voir, sa réponse écarte la dimension collective de mon propos : Klara Munzer va droit à elle-même comme à la seule responsabilité qui importe. Et elle va à elle-même pour une autocritique rétrospective[1], comme Iréna Sendler en Pologne. Un demi-siècle plus tard, ce qui bouleverse encore ces Justes, c'est le sentiment de n'avoir pas assez aidé, c'est la douleur de n'avoir su faire mieux...

« Cinquante ans après, comment voyez-vous tout cela ? Pensez-vous qu'il aurait été possible de faire davantage pour aider les Juifs ?

– J'aurais dû donner beaucoup plus. Inge, par exemple, j'ignorais qu'elle rencontrait tant de difficultés pour se nourrir. Elle était très discrète, trop. Elle n'a rien dit, et moi je n'imaginais pas que c'était grave à ce point. Quand on mange à sa faim, vous comprenez, on ne réfléchit pas assez. J'aurais dû lui donner davantage, plus de farine, plus de gâteaux...

– Mais à cette époque, ou, plutôt, avant la guerre, les Juifs étaient des Allemands comme les autres, n'est-ce pas ?

– Oui, et parfaitement intégrés : des travailleurs, des

1. **Autocritique rétrospective :** reconnaissance après coup de ses torts et fautes.

intellectuels, et puis tout d'un coup, d'un jour à l'autre, le rejet, la persécution[1] généralisée ! Quelle honte pour nous ! Quelle tragédie pour eux !... »

Peut-on comparer une Klara Munzer à nos activistes de l'humanitaire[2] ? Serait-elle partie soigner des blessés à Sarajevo[3] avec Médecins du monde[4], ou porter des sacs de riz aux affamés de Somalie ?

« Je ne supporte pas de voir quelqu'un souffrir », me confie-t-elle.

Si elle avait trente ans aujourd'hui, Klara Munzer aurait, me semble-t-il, participé à un convoi pour le Rwanda[5] ou pour Gaza[6].

Ce n'est pas le degré du danger qu'un homme doit affronter pour sauver une vie qui fait de lui un Juste, mais l'urgence de la demande qu'on lui adresse et l'immédiateté instinctive et désintéressée de la réponse qu'il y donne.

Mais comment devient-on un Juste ?

L'éducation ?

1. **Persécution :** mauvais traitement, cruel et acharné, infligé à autrui.
2. **Activistes de l'humanitaire :** fervents militants de l'aide humanitaire.
3. **Sarajevo :** capitale de la Bosnie-Herzégovine, cette ville fut l'objet d'un long et terrible siège, d'avril 1992 à février 1996, par les Serbes. D'après les estimations, il fit 11 000 morts et 50 000 blessés.
4. **Médecins du monde :** nom d'une des premières organisations non gouvernementales (ONG), regroupant des médecins qui vont porter secours aux populations en détresse.
5. **Rwanda :** voir la note 2, page 13.
6. **Gaza :** territoire palestinien, géographiquement étroit, longtemps occupé par Israël, souvent soumis à un blocus économique, parfois à de violentes offensives militaires.

Klara Munzer répète :

« Ma mère me disait : «Ce que tu fais au moindre de mes frères, tu me le fais à moi, tu me le donnes à moi». »

Et pourtant d'autres Klara Munzer, ayant reçu la même éducation, se sont retrouvées du côté du Mal.

Je m'aperçois que le chemin vers la connaissance du Bien sera long, et qu'il me réserve encore quelques surprises. Néanmoins, je quitte Klara Munzer avec une certitude : quelle que soit la terreur qui puisse s'abattre sur le monde, il se trouvera toujours des Justes pour tenter d'y apporter remède, pour essayer d'en atténuer les effets dévastateurs et pour y parvenir.

Cornélia Schroeder est une petite femme aux cheveux blancs et courts, au regard pétillant de malice, qui habite une maison bordée d'arbres. Elle paraît beaucoup plus fière des compositions musicales de son défunt mari que de son action dans le sauvetage de Juifs. Au début, elle ne comprend d'ailleurs pas pourquoi je viens l'interroger à ce sujet.

« Oui, c'était en 1944, me dit-elle comme pour se débarrasser de ma question. Un jour, j'ai reçu un appel d'un camarade de classe me demandant si je pouvais accueillir un homme qui était marié à une Juive. Il avait besoin de travailler ; il s'offrait à bricoler, à faire le ménage – n'importe quels travaux d'intérieur en échange du gîte et du couvert. Voilà comment nous avons, mon mari et moi, rencontré ce couple. Peu après, sa femme juive et lui ne pouvaient plus rentrer chez eux à cause des persécutions. Alors, nous avons décidé de les accueillir chez nous. C'était très risqué, puisque nous-mêmes étions fichés comme politiquement suspects. Malgré cela, nous les avons hébergés. Ils n'avaient plus que des faux papiers et se trouvaient sans tickets de rationnement[1], mais nous nous sommes débrouillés… Ils ont vécu à la maison jusqu'à la fin de la guerre. Voilà, il n'y a rien d'exceptionnel dans tout cela !

– Pourquoi l'avez-vous fait ?

– *Parce qu'il fallait les aider !* »

J'admire cette réponse, la simplicité qui la sous-tend, son *parce que* définitif, hors de discussion. Le Bien ne s'explique pas, ne se justifie pas. Il se fait, il s'offre, il se donne.

Cornélia ne veut pas parler des autres, de ceux qui n'ont rien fait, ou de ceux qui ont tué. Elle et son mari ont sauvé deux vies non pour en être remerciés ni pour que cela se sache. J'ai été obligé de négocier avec elle pendant plus de deux heures pour qu'elle m'autorise à en parler – et seulement dans ce livre, pas dans mon film[2] !

C'est par Cornélia Schroeder que je suis bientôt mis sur la piste d'un rescapé, le baron Loewenstein de Witt, dont je ne savais rien jusqu'alors.

Pour les nazis, le baron était un *Mischling*, un « sang-mêlé », une espèce particulière et embarrassante : il était issu d'un couple mixte, mi-aryen/mi-juif. Les

1. **Tickets de rationnement :** tickets donnant droit à une quantité limitée de nourriture (tant de grammes de pain, de beurre, de viandes, de légumes…).

2. **Dans mon film :** le film « Tzedek, les Justes » que Marek Halter a consacrée aux Justes en 1994.

bureaucrates[1] hitlériens ont consacré des jours, des semaines, des mois, des années, même, à discuter et à se renvoyer, de ministère en ministère, la question des *Mischling* ! Question quasi insoluble dans leur problématique raciste[2] : un Juif, ça s'extermine ; un Aryen, ça se protège – mais un enfant « judéo-aryen », que devait-on en faire ?

D'abord, ils décidèrent de stériliser[3] les *Mischling*, afin d'éviter la pénétration d'un sang « impur » dans le sang aryen. Puis ils envisagèrent le divorce forcé. Mais que faire d'un enfant *Mischling* dont le père aryen réclamerait la garde ? Enfin, le 20 janvier 1942, dans l'esprit de la première Solution finale[4], une décision fut prise : la déportation de ces enfants. Cependant, moins de deux mois plus tard, en mars 1942, la deuxième conférence de la Solution finale remit tout en question.

Un an après, en mars 1943, la Gestapo[5] s'impatiente : elle rafle une poignée de ces Juifs qui bénéficiaient du statut de *Mischling* et les enferme dans un asile pour vieillards juifs de Berlin.

Parmi eux, le baron Loewenstein de Witt.

Inge Deutschkron m'a donné son adresse, et je pars à sa recherche. Sa situation comme sa trajectoire ne furent pas

---

1. **Les bureaucrates :** les personnes qui dirigent depuis leurs bureaux (l'emploi du terme est toujours péjoratif).
2. **Leur problématique raciste :** leurs conceptions et leurs raisonnements racistes.
3. **Stériliser :** empêcher toute reproduction.
4. **La première Solution finale :** élaborée en janvier 1942 à la « conférence de Wannsee » par de hauts responsables nazis, cette « première Solution finale » organisait des exécutions en masse de Juifs. Leur gazage dans les camps d'extermination constitua la « seconde Solution finale ».
5. **Gestapo :** sigle allemand désignant la « Geheime Staats Polizei », la terrible police politique de l'Allemagne nazie.

banales, et elles ont témoigné, en pleine guerre, d'un recul des nazis face à un mouvement d'opinion. Le cas mérite d'être approfondi.

Lorsque je le rencontre à son domicile, au dernier étage d'un immeuble modeste, le baron Loewenstein de Witt s'efface pour me laisser entrer. L'appartement n'a rien de princier. Aux murs du salon et du bureau, de nombreuses photographies ; divers bibelots, des faïences élégantes[1] témoignent d'un patrimoine aristocratique[2] sur le déclin, sinon déjà révolu. Splendeur ancienne d'une longue lignée, réduite à l'état de souvenirs : il semble bien loin, le faste dont s'entourait l'ancêtre du XVIIe siècle, Johann de Witt, qui trône en perruque et robe à riche pourpoint[3] sur une gravure hors de saison...

L'homme du présent, l'actuel baron Loewenstein de Witt, répond sans détour à mes questions. Il parle d'abondance, tout en manifestant un souci parfait de la précision. Ses cheveux grisonnants, son haut front dégarni et ses lunettes, certaines mimiques rapides sur le visage : il me fait, par instants, penser à Woody Allen[4], en plus austère. C'est d'un ton grave et passionné qu'il me confie ce que fut son existence de *Mischling* en ces années-là :

---

1. **Des faïences élégantes :** des objets et des bibelots en faïence.
2. **Patrimoine aristocratique :** héritage noble.
3. **Pourpoint :** vieux vêtement d'homme, qui couvrait le torse jusqu'au-dessous de la ceinture.
4. **Woody Allen :** réalisateur, scénariste et acteur américain, né en 1935 à Brooklyn.

« Comment j'ai pu *tenir* en plein Berlin ? Pas facile. Survivre n'était pas facile, rien qu'à considérer le nombre de choses qui étaient interdites aux Juifs. C'était insensé ! Des centaines d'interdictions, pour tout : on n'avait pas le droit d'avoir des fleurs, des disques, des appareils photos, le téléphone... Pas le droit non plus de posséder une voiture, de l'or, de l'argent, des tableaux, des meubles de valeur ; pas de machine à écrire, pas d'appareils à gaz, pas de poêle à gaz, pas de fourneau. Il était interdit d'avoir un animal – pas de chat, de chien, de perroquet ni de poisson rouge. Interdit également d'utiliser les ascenseurs, de se mettre aux balcons donnant sur la rue. Dehors, des rues entières nous étaient interdites, ainsi que les transports publics – sauf si le travail forcé auquel on se trouvait astreint était éloigné de plus de six kilomètres de chez soi : un permis spécial nous était alors délivré, et seulement pour ce parcours précis et par le métro. Les bus restaient absolument interdits. Dans le métro, interdiction de s'asseoir. Interdiction, aussi, d'aller chez le coiffeur. Et mille autres brimades[1] quotidiennes ! Je n'en finirais pas... En 1943, tous les Juifs de la capitale du Reich ont brutalement été déportés vers l'est, à Auschwitz. Ceux qui avaient un parent chrétien – c'était mon cas, par ma mère – ont été enfermés dans cet asile pour vieillards de Berlin.

« Il y eut alors un événement extraordinaire : les familles chrétiennes, arborant[2] même parfois des insignes[3] nazis, se sont regroupées devant l'immeuble pour protester contre notre internement. Ce rassemblement s'est transformé en manifestation qui a duré pendant plusieurs jours. La Gestapo

1. **Brimades :** brutalités, vexations.
2. **Arborant :** portant de manière visible.
3. **Insignes :** badges ou médailles.

n'est pas intervenue. Au bout d'une semaine, Goebbels[1] a donné l'ordre de nous relâcher. Ensuite, nous sommes restés à Berlin comme membres de cette bizarre et presque intouchable secte des *Mischling*, des "Juifs mixtes". Bien entendu, il fallait continuer de respecter à la lettre chacune des innombrables prescriptions[2] édictées par les nazis. Je ne sais à laquelle nous avons manqué, mais nous avons été ensuite obligés de nous cacher. Ce n'était pas évident. Dans une ville de quatre millions d'habitants comme Berlin, il y avait peut-être, au total, quelques centaines de personnes pour nous aider – mais c'est grâce à elles que nous avons survécu. »

Ainsi, une opinion publique pouvait, même en Allemagne, même à Berlin, arracher des concessions aux nazis ! Il était possible, en *sous-marin*[3] ou en *Mischling*, de passer au travers des mailles étroites de leur filet de délateurs[4] et de policiers. Il y fallait l'indispensable soutien d'une minorité, mais cette minorité existait, et elle était active. Goebbels, toujours dans son journal intime, lui rend hommage a contrario[5] en se plaignant de la « myopie » de certains Allemands qui avaient averti à temps les Juifs, « en sorte que quatre mille d'entre eux nous ont échappé »... Et Goebbels de gémir : « Ils errent maintenant dans Berlin sans feu ni lieu[6] et constituent naturellement un grave danger public. » Il se

---

1. **Goebbels :** ministre de l'Information et de la Propagande de Hitler, qui s'empoisonna en 1945 à la chute du Reich.
2. **Prescriptions :** instructions et interdictions.
3. **En *sous-marin* :** en s'infiltrant clandestinement.
4. **Délateurs :** dénonciateurs.
5. **A contrario :** expression latine signifiant littéralement « à partir du contraire ». Elle s'applique à une forme de raisonnement qui consiste à établir une vérité en montrant ce que produit le cas contraire.
6. **Sans feu ni lieu :** sans foyer ni domicile fixe.

rassure lui-même au plus vite, par la méthode habituelle : « J'ai ordonné à la police, à la Wehrmacht[1] et au parti[2] de faire le maximum pour mettre au plus tôt la main sur eux. »

Il est réconfortant, même cinquante ans après, de savoir que ce sinistre personnage ne parviendra pas à ses fins. Quelques Justes peuvent parfois desserrer l'étau[3] de l'arsenal répressif[4] des pires tyrans. Mieux encore : Inge Deutschkron, lorsque je la retrouve après ma visite au baron de Witt, me révèle l'existence d'un « réseau des aveugles » qui, pendant la guerre, a su leurrer[5] la Gestapo.

Plusieurs personnes m'avaient parlé d'Otto Wayett, aveugle qui sauva des Juifs aveugles grâce à une protection dont il bénéficiait auprès de la Wehrmacht. Il dirigeait une entreprise de balais-brosses. J'avais pris rendez-vous de longue date avec lui, mais il est mort peu avant mon arrivée à Berlin… Le temps emporte tout, y compris le souvenir d'un Juste.

Un jour, Otto Wayett fut embarqué par la Gestapo en même temps que ses ouvriers en tenue de travail. Selon les témoins de l'époque, il négocia longuement leur libération. « Je dois livrer mes balais-brosses à la Wehrmacht et je ne pourrai pas le faire si vous m'enlevez mes travailleurs », argumentait-il. Et il eut gain de cause ! La Gestapo lui rendit ses aveugles et c'est ainsi que l'on put voir, déambulant depuis la Grossehamburgerstrasse – où se trouvait le siège de la Gestapo –, une procession d'aveugles, étoile jaune sur

1. **La Wehrmacht :** l'armée allemande.
2. **Au parti :** au parti nazi.
3. **L'étau :** les contraintes qui pèsent de tous côtés sur les individus.
4. **L'arsenal répressif :** l'ensemble des mesures de répression.
5. **Leurrer :** tromper.

la poitrine, se tenant par le bout de leurs cannes blanches, comme dans un tableau de Breughel[1], qui traversaient la ville indemnes[2] et libres, guidés par leur employeur et sauveteur, Otto Wayett, aveugle lui aussi…

D'autres, après moi, poursuivront les recherches. Depuis que je mène cette enquête, on me signale un peu partout l'existence d'autres Justes, d'autres femmes, d'autres hommes – trop peu, il est vrai – qui ont su, ici, au centre du cyclone qui emportait ce pays, résister à la folie meurtrière de Hitler. Comment leur rendre visite, comment les interroger tous ? Le temps, par définition, manque toujours ; c'est sa force, que l'homme peut cependant vaincre en érigeant le seul monument *qui tienne* : la mémoire.

Mémoire des Justes, mémoire du Bien.

1. **Breughel :** peintre hollandais du XVIe siècle (1525 ?-1569).
2. **Indemnes :** sains et saufs.

En Hollande

Je savais que, pendant la guerre, des Justes avaient sauvé des Juifs, là-bas. Je savais aussi qu'au pays d'Anne Frank[1] quatre-vingts pour cent des Juifs de Hollande avaient été déportés avec le concours actif de la population, de l'administration, de la police et du parti nazi hollandais, qui ne comptait pas moins de quatre-vingt mille militants[2] – serviteurs-délateurs zélés[3] de la Gestapo, ils fournissaient à celle-ci les adresses, avec cartes et plans détaillés, des lieux et relais où quelques Justes cachaient des Juifs.

Pourtant, le 25 février 1941, un an après l'invasion de la Hollande, ainsi qu'au lendemain de la rafle du 9 février 1941, les villes d'Amsterdam, de Haarlem, de Weesp, d'Utrecht et de Hilversum se sont mises en grève. Ce fut la première et la seule manifestation collective visible des Hollandais en faveur de leurs compatriotes juifs. Par la suite, les mouvements de résistance ont apporté un peu d'aide, mais cette aide est surtout venue d'initiatives individuelles, de sauveteurs mus[4] par la générosité.

---

1. **Anne Frank :** adolescente juive allemande (12 juin 1929- mars 1945) qui s'est cachée avec sa famille à Amsterdam. Trahie après deux ans passés dans un appartement refuge, elle est déportée au camp de Bergen-Belsen, où elle meurt du typhus. De son arrivée en Hollande jusqu'à son arrestation, elle a tenu un *Journal* dans lequel elle relate sa vie et sa vision des événements. Son *Journal* est aujourd'hui mondialement connu.
2. **Militants :** partisans.
3. **Zélés :** dévoués à l'excès.
4. **Mus :** animés, stimulés.

Il était là encore essentiel que des Hollandais, libres, défenseurs du respect de l'autre, que des Justes, donc, agissent pour éviter l'anéantissement d'un peuple, et pour préserver ce que le philosophe juif Uriel da Costa[1], qui vécut à Amsterdam au XVIIe siècle, nommait *la dignité de l'homme.*

Amsterdam : j'aime cette ville marchande, prospère, immense et pourtant compacte, découpée par ses canaux et ses ruelles sous la lumière tendre d'un ciel bas. Je longe la Vilenburgstraat[2] sur le Oude Schans[3] et je repense à la phrase de Margaret Acher à propos de la Pologne. On m'assure à Amsterdam qu'elle peut, hélas, se transposer et que, s'il fallait mille Hollandais pour sauver un Juif, il suffisait d'un seul Hollandais pour dénoncer mille Juifs.

Victor Halberstadt, professeur d'économie, grand universitaire, sauvé jadis par une de ces chaînes de Justes, le dit sans détour :

« Sans l'aide des fascistes[4] hollandais et la participation active de l'administration, jamais les Allemands n'auraient pu déporter autant de Juifs ! Voyez ce document : c'est un plan d'Amsterdam ; il est très détaillé. Observez ces points rouges, parfois plusieurs pour une même rue, et certains pour un

1. **Uriel da Costa :** philosophe espagnol (1585 ?-1594 ?) ; élevé dans la religion chrétienne, il se convertit au judaïsme avant de professer un athéisme radical. Son évolution intellectuelle lui valut humiliations et persécutions.
2. **Vilenburgstraat :** nom d'une rue d'Amsterdam.
3. **Oude Schans :** nom d'un canal d'Amsterdam.
4. **Fascistes :** partisans de la dictature et du régime hitlériens.

même immeuble : ce sont les résidences juives, leurs appartements, leurs chambres, le nombre de leurs occupants. Cette carte a été réalisée par les fascistes de Hollande. Le fichier central était lui aussi tenu par un Hollandais, Tom Gate. Ces documents administratifs ont été préparés pour les Allemands et leur ont été donnés. Cette collaboration avec les nazis a dû être, du point de vue de ces derniers, “exemplaire”. »

Sur ce point, j'interroge Ed Van Thijn, maire d'Amsterdam, lui aussi un rescapé :

« Vous êtes le maire d'une grande ville, avec une administration imposante sous vos ordres. Pensez-vous que, si l'horreur nazie recommençait, l'actuelle administration collaborerait comme celle de jadis en livrant les Juifs à leurs bourreaux ? »

Visage rond, larges lunettes rondes, nez pointu, cheveu frisé en touffe dense sur le sommet de la tête, Ed Van Thijn laisse son regard plonger au-dedans de lui-même pour réfléchir, pour chercher de vraies réponses. Ses observations se veulent optimistes. Elles me laissent une certaine amertume[1], une inquiétude et un doute :

« Oh, je crois que le seul espoir réside en ceci : les jeunes qui travaillent maintenant à la mairie ou dans les différentes administrations de la ville sont si rebelles et indisciplinés qu'ils refuseraient peut-être d'obéir aux ordres collaborationnistes[2] qui leur seraient donnés… »

Pour ma part, je n'en mettrais pas ma main au feu. Je le dis à mon interlocuteur. Il sourit. Lui non plus, j'en ai l'impression, ne tient pas à devoir un jour miser sur cette

1. **Amertume :** tristesse mêlée de découragement et de déception.

2. **Collaborationnistes :** relatifs à la collaboration avec l'occupant.

indiscipline salutaire. D'autant qu'il ajoute que les fonctionnaires disciplinés, eux, feraient comme leurs prédécesseurs : de la délation organisée pour complaire[1] à l'occupant... Lui-même, après mille péripéties qui le protégèrent des rafles[2], a fini par être dénoncé et arrêté dans les derniers moments de la guerre, juste avant l'arrivée des Américains, des Canadiens et des Brigades juives[3]. Il n'avait que douze ans, mais il était déjà bon à tuer : à cette période, les Allemands avaient décidé de prendre les derniers Juifs des camps hollandais pour les envoyer à Auschwitz. Ed Van Thijn était de ceux-là. C'est alors que les cheminots[4] hollandais, pour la première fois, se sont livrés à une action de résistance décisive en sabotant[5] les voies ferrées pour que les trains ne puissent pas partir. Magnifique geste, auquel, parmi tant d'autres, Ed Van Thijn doit d'être encore en vie.

Je ne peux toutefois m'empêcher de poser une question embarrassante :

« Mais pourquoi ces sabotages destinés à empêcher la circulation des trains de la mort n'ont-ils pas pu être organisés plus tôt ? »

Question sans réponse. Elle fait partie de celles que l'on se renvoie sous forme d'insultes, d'une élection à l'autre... Depuis cinquante ans, ce débat revient chaque fois : comment

1. **Complaire à :** satisfaire quelqu'un avec empressement et bassesse.
2. **Rafles :** arrestations massives et arbitraires.
3. **Brigades juives :** unités militaires composées de combattants juifs.
4. **Cheminots :** employés des chemins de fer.
5. **Sabotant :** « saboter » signifie détériorer ou détruire volontairement pour retarder ou empêcher le bon déroulement de quelque chose (ici, la circulation des trains).

tant d'apathie[1] et de complaisance envers le crime ont-elles pu sourdre[2] d'un pays qui a fait preuve, et de longue date, de sa tolérance et de son humanisme[3], d'un pays où les huguenots[4] français ont pu trouver refuge[5], d'un pays qui a accueilli les encyclopédistes et les Lumières[6]? Ed Van Thijn secoue la tête. Une telle interrogation est douloureuse, et nul n'est en mesure d'apporter des explications éclairantes ni de produire quelque décisive analyse.

À défaut de saisir l'origine de la turpitude[7], le maire d'Amsterdam, dont le visage exprime tour à tour la tristesse et le doute, revient au versant positif de cette époque. Il insiste à présent sur la chaîne de solidarité, sur « les mille pour en sauver un » :

« Moi, vous savez, j'ai eu dix-huit mères et dix-huit pères !... J'ai été caché dans dix-huit endroits différents, chez toutes sortes de gens, protestants, laïcs, catholiques, grâce à une organisation fondée par un groupe de jeunes.

– Comment s'appelait cette organisation ?

---

1. **Apathie :** inertie.
2. **Sourdre :** provenir.
3. **Humanisme :** doctrine qui a pour but l'épanouissement de l'être humain.
4. **Huguenots :** protestants.
5. **Les huguenots français ont pu trouver refuge :** suite à la révocation de l'édit de Nantes par Louis XIV, en 1685, de nombreux « huguenots » (protestants) français se sont réfugiés en Hollande pour échapper aux persécutions. La signature de l'édit de Nantes le 13 avril 1598 par Henri IV avait mis fin aux guerres de Religion et accordé la liberté de culte aux protestants.
6. **Les encyclopédistes et les Lumières :** les philosophes du XVIIIe siècle (le siècle des « Lumières ») qui étaient persécutés parce qu'ils remettaient en cause les doctrines religieuses et politiques établies.
7. **Turpitude :** honte, infamie.

– Ah !... “L’entreprise sans nom”, ce qui la définissait comme société réellement anonyme, parce que ces jeunes ne voulaient pas revendiquer pour eux-mêmes la noblesse de leur action. Ce réseau a caché deux cent dix enfants juifs. Chaque enfant nécessitait en moyenne quatre, sinon cinq cachettes – ce qui signifiait entre huit cents et mille cachettes au total, et “L’entreprise sans nom”, forte de vingt personnes, s’employait à trouver ces refuges, et les trouvait ! Chaque enfant juif sauvé l’a été par vingt, trente, parfois quarante familles... Imaginez, en se déployant à travers toute la Hollande, ce réseau à l’ouvrage : aussi invisible qu’anonyme, mais tout à fait efficace eu égard à la modestie de ses moyens. »

Le visage d’Ed Van Thijn, souriant à l’évocation des sauvetages réussis, se rembrunit[1]. Il peine à avaler sa salive. Il est oppressé. Les souvenirs se bousculent, et ceux-ci, placés sous le signe de l’échec, lui serrent le cœur :

« Pourtant, dit-il d’une voix altérée[2] par la douleur, beaucoup de ces gens ont été dénoncés aux Allemands, arrêtés, torturés, tués. Certains de ceux qui ont survécu n’ont pas pu, n’ont pas voulu, après la guerre, rester en Hollande... »

Je me rends chez Willie Wiechmann, où m’attend Victor Halberstadt.

Dans le petit appartement, assis dans un fauteuil aux côtés de son ancienne sauveteuse, Victor sourit. Dans ce

1. **Se rembrunit :** s’assombrit.
2. **Altérée :** modifiée par l’émotion.

cadre douillet, où les étagères sont garnies de livres, il est à l'aise, il est chez lui depuis toujours ou presque. La première fois qu'il est venu dans cette maison, en février 1942, il était accompagné de sa sœur, alors âgée de cinq ans ; il avait lui-même deux ans. Dans cette demeure, il a été caché, nourri, soigné, élevé : c'est la sienne. Willie Wiechmann, quant à elle, le couve du même regard, chaud et maternel, qu'elle offre à son véritable fils, lui aussi présent. Plus étonnant encore : Victor se conduit comme un habitué des lieux, tandis que le fils de Willie Wiechmann paraît l'invité de passage. Ils ont grandi ensemble, mais l'un ne risquait pas d'être pris dans une rafle, et l'autre devait rester caché ; on pourrait presque penser que Mme Wiechmann, par la force des choses, a dû se faire davantage de soucis pour cet enfant menacé de mort, et qu'il fallait protéger avec la plus grande vigilance, que pour le sien propre.

Elle revit la période de la guerre en évoquant les menues – et dangereuses – tâches quotidiennes :

« Après l'arrestation de mon mari, j'ai emménagé dans cette maison. Un jour, un homme m'a demandé de cacher sa femme et son enfant. Ensuite, cette femme m'a prié de cacher un garçon juif. Ma maison a aussi servi de refuge et de cache transitoire[1] pour des employés de l'hôpital juif. Quand Victor et sa sœur sont arrivés, j'hébergeais déjà deux personnes, dont l'une appartenait à la Résistance[2], et il fallait nourrir tout ce petit monde. Notre résistant juif s'en chargeait, avec les risques que cela comportait : il fallait sortir, muni de papiers of-

1. **Transitoire :** provisoire, qui ne dure qu'un temps.
2. **La Résistance :** ensemble des mouvements clandestins de lutte, de « résistance », contre l'occupant.

ficiels, pour obtenir des coupons de ravitaillement[1]. Ces coupons étaient numérotés et contrôlés. Lors de la distribution, il était indispensable de bien repérer l'officier de contrôle. Il s'agissait toujours d'un Hollandais. S'il était proallemand[2], le risque était très grand de le voir confisquer la carte d'alimentation d'un juif. La condition numéro un pour que tout se passe bien était d'avoir affaire à un officier neutre. Toute cette stratégie de repérage quant à l'identité de l'officier de service était fondamentale : en cas d'échec, pas de coupons alimentaires, donc plus de cachette...

– Un jour, se souvient Victor Halberstadt, les Allemands et les SS[3] hollandais ont encerclé notre quartier. Ma mère, ma sœur et moi avons dû monter sur les toits, puis nous nous sommes réfugiés chez des voisins. Ma mère faisait la navette[4] entre ses parents et nous pour nous apporter des vêtements et des papiers. Un jour, elle a été arrêtée... J'ai alors été placé ici, chez ma seconde mère, Willie... Il ne faut pas oublier le rôle essentiel des organisations clandestines juives. C'est par leur intermédiaire que les sauveteurs pouvaient trouver des cartes de ravitaillement, des médicaments... À l'époque, une carte de ravitaillement était aussi importante qu'une carte d'identité – que ce soit en Hollande, en Belgique, en France, en Italie ou ailleurs. »

Une fois encore cette ambivalence[5], une fois encore ce mou-

1. **Coupons de ravitaillement :** ou tickets, ou cartes de rationnement ; voir la note 2, p. 50.
2. **Proallemand :** favorable aux Allemands, donc, ici, aux nazis.
3. **SS :** voir la note 2, p. 25.
4. **Faisait la navette :** faisait des allers et retours.
5. **Ambivalence :** ce qui est constitué de deux composantes de sens contraire (le Bien et le Mal).

vement de balancier, une fois encore la vie quotidienne intensifiée, suspendue entre le Bien et le Mal, entre la loyauté des uns et la lâcheté – relayant le goût de nuire – des autres. Au sortir de cette discussion avec un rescapé et sa sauveteuse, je regarde un moment une petite fille jouer à la marelle[1] près du nouvel Opéra d'Amsterdam. Tout à côté, il y a, au sol, un autre dessin que celui sur lequel s'amuse cette fillette. C'est un quadrilatère[2] dont le tracé est marqué par des pierres blanches sur lesquelles on peut lire l'inscription suivante :

Emplacement de l'ancien Orphelinat juif, fondé en 1759, en fonction jusqu'en 1943, date à laquelle les pensionnaires furent emmenés par les nazis. Aucun de ces enfants ne revint de déportation.

Amsterdam, donc. Il fait froid. Un courant d'air qui tourbillonnait depuis le matin dans les vieilles ruelles débouche soudain sur le canal. Il me surprend sur un pont parmi des dizaines de cyclistes et me glace jusqu'au fond des entrailles.

Je suis en route pour rencontrer un Juste. Un Juste de plus. Pour lui poser quelques questions : pourquoi a-t-il agi de la sorte ? Quelles étaient ses motivations ? Pourquoi lui et pourquoi pas les autres ?

À ce moment de mon enquête, allais-je trouver quelque chose comme le début, comme le frémissement d'une

1. **Marelle :** jeu qui consiste à pousser à cloche-pied un caillou dans les cases d'une figure tracée à la craie sur le sol.
2. **Un quadrilatère :** un carré.

réponse ? Peut-être. Il nous faudrait pourtant, et d'urgence, une réponse en ce monde qui, malgré sa victoire sur le nazisme, a hérité de l'aventure hitlérienne cette incroyable faculté d'accepter l'inacceptable.

Alors peut-être devrais-je m'arrêter – pour reprendre souffle, pour repenser mon projet ?... Je réfléchissais ainsi en déambulant au hasard des ruelles, et soudain m'est apparu, tel un rappel à l'ordre, un bâtiment quelque peu délabré : une école au nom d'Anne Frank[1]. La façade, toute bariolée de textes de la jeune fille déportée, est moins insolite[2] que la façon dont je me suis retrouvé là, sans connaître le lieu, sans avoir prémédité[3] mon parcours. Je me surprends à déchiffrer sur le mur cette phrase d'Anne, dans son journal, que je connais par cœur : *Je continue à croire que les hommes sont fondamentalement bons et généreux...*

Un ami me fait remarquer que parler du Bien ici, en Hollande, dans un pays où tant de Juifs ont été exterminés, peut apparaître comme une volonté d'effacer les crimes, les péchés, les fautes, et pourrait être interprété comme l'annonce de la fin de ce « temps de deuil » dont parlait Freud[4], comme le début de la réconciliation de tous avec le passé. Sottise ! Le passé est irrévocable et toute vérité est éternelle. Dieu lui-même ne saurait faire en sorte que ce qui a lieu n'ait jamais été. Du passé, nous pouvons seulement essayer de tirer des leçons afin de prévenir la répétition des massacres. Pour parer

1. **Anne Frank :** voir la note 1, p. 65.
2. **Insolite :** étrange.
3. **Prémédité :** déterminé à l'avance.
4. **Freud :** Sigmund Freud (1856-1939), célèbre médecin autrichien, fondateur de la psychanalyse.

au retour[1] des crimes, nous avons à nous souvenir de ceux de jadis et d'hier. Baruch Spinoza[2], à Amsterdam, au XVIIe siècle, l'avait pressenti en inscrivant sur son cachet cette vigilante devise : *Caute*[3], c'est-à-dire « méfie-toi ». On raconte que, ayant été poignardé un jour par un fanatique[4], il garda toute sa vie son justaucorps[5] percé pour ne pas oublier cette agression ni, sans doute, cette leçon. Nous ne savons pas si le philosophe avait pardonné à son agresseur, mais nous savons qu'il ne voulait ni effacer ni oublier.

Il existe peu de villes en Europe où, comme à Amsterdam, notre regard croise autant de plaques de souvenirs, de monuments, de rappels de toutes sortes de la déportation des Juifs. C'est là aussi qu'a vécu un fonctionnaire zélé qui inventa une carte d'identité infalsifiable[6] qu'il s'empressa d'aller proposer, avec la bénédiction de ses supérieurs, aux services de la Gestapo de Berlin. « De 1940 à 1945, fait observer un historien hollandais, il n'y a eu de fléau[7] qui infligeât au peuple juif des blessures plus cinglantes que cette exécrable carte d'identité. »

Pour ma part, j'ai toujours pensé que c'est la mémoire du Mal qui m'a fait si souvent agir, du mieux que j'ai pu et très modestement, en faveur du Bien. À présent, malgré le

---

1. **Pour parer au retour :** pour éviter le retour.
2. **Baruch Spinoza :** philosophe hollandais (1632-1677), persécuté pour ses écrits.
3. ***Caute :*** impératif d'un verbe latin, signifiant « fais attention ».
4. **Fanatique :** intolérant, sectaire.
5. **Justaucorps :** ancien vêtement serré à la taille et muni de manches assez longues.
6. **Infalsifiable :** qu'on ne peut pas imiter, contrefaire.
7. **Fléau :** calamité ; tout ce qui provoque des malheurs.

doute qui m'assaille et les questions encore sans réponses, c'est elle qui me stimule, qui m'encourage, sur ces quais d'Amsterdam où souffle un vent glacial, à poursuivre ma recherche des Justes.

La personne que je vais rencontrer m'est inconnue. J'ai fait la connaissance de sa petite-fille, Irit, chez mon ami Victor Halberstadt. Bravade de jeune fille ou réalité ? Elle m'avait lancé : « Vous cherchez des Justes ? Allez donc voir ma grand-mère, Henriette Kroon !... »

Une porte claque. Une autre s'ouvre sur une cage d'escalier étroite. Le bois des marches, dont la pente est très raide, sent l'encaustique[1]. Au mur de droite sont suspendus des vélos. En haut m'attend une belle et vieille dame qui actionne un cordon relié à la porte d'entrée. Celle-ci se referme. La vieille dame me fait entrer, sourit et va s'asseoir auprès d'Irit, qui a préparé notre entrevue. J'ai devant moi la grand-mère d'Irit : Henriette Kroon, une Hollandaise qui a sauvé des Juifs pendant la guerre.

Cheveux blancs en touffe ovale autour du visage, grosses boucles d'oreilles, fines lunettes, veste gaie comme un jeu de cartes (elle est ornée de figurines des quatre couleurs : trèfle, carreau, cœur, pique !), cette grand-mère paraît jeune. C'est une petite femme alerte, vive : elle a l'air d'être une

1. **Encaustique :** cire utilisée pour faire reluire les parquets ou objets en bois.

septuagénaire[1] en pleine forme – alors qu'elle n'a pas loin de quatre-vingt-dix ans… Elle est de ces êtres qui paraissent fragiles et forts à la fois. Lorsqu'elle lève les sourcils ou plisse le front en parlant, c'est plutôt comme le font les enfants, avec une fraîcheur intacte et spontanée. Mais ce qu'elle dit est d'une parfaite lucidité, et d'une détermination non moins intacte, non moins catégorique et simple. Elle n'a rien oublié de cette époque où elle hébergeait des malheureux que persécutait la barbarie nazie.

« Oui, dit Henriette Kroon, ça se passait dans cette maison même… Et là où loge aujourd'hui ma petite-fille, au quatrième étage, il y avait un de nos amis. C'était tout à fait risqué, mais personne ne savait. Les Juifs que nous cachions ne quittaient pas la maison. Ils ne sortaient pas. C'était difficile pour les hommes. Mais il ne fallait pas qu'ils sortent.

– Et les Allemands ?

– Les Allemands ? Non, ils ne rentraient pas dans la maison. Ils n'ont jamais mis les pieds ici.

– Une chance ! Et la police hollandaise ?

– Lorsque les SS hollandais frappaient à la porte, je n'ouvrais pas. Une fois, ils sont venus. Ils ont frappé à la porte avec violence, et un des Juifs de la maison s'est caché. Des moments horribles pour lui comme pour nous… Je n'ai pas ouvert. Puis ils sont partis sans insister davantage. Je ne sais toujours pas ce qu'ils voulaient nous demander ce jour-là… L'autre Juif qui vivait en haut, au quatrième étage, était prévenu. Nous avions une cloche, et notre code était de sonner trois fois. Il savait ce que cela signifiait.

– On avait construit un double mur, précise Irit, la

1. **Septuagénaire :** qui a soixante-dix ans.

petite-fille d'Henriette Kroon. Ainsi, il pouvait traverser le couloir…

– Et il se cachait. Il restait caché dans un placard… Ce jour-là, lorsque les nazis se sont éloignés, nous avons à nouveau sonné la cloche : pour qu'il sache que l'alerte était terminée, qu'il était sauvé. Après des événements de ce genre, nous restions longtemps sous le choc.

– Je vois que vous étiez bien organisés : la clochette, les codes, un double mur…

– Oui, bien sûr. C'était indispensable.

– Et la peur ?

– Elle était là, quelquefois, oui… Mais au fond, nous n'avions pas très peur. Nous avions à agir. Et puis nous recevions de l'aide, de la nourriture, des soins médicaux. C'était aussi cela, l'organisation : nous étions très peu, mais nous n'étions pas tout à fait seuls... ça aide à faire face !

– La première fois que vos voisins vous ont demandé de recueillir leurs neveux, pourquoi avez-vous accepté ?

– C'était un geste humain. Et puis c'était ma façon de faire offense à[1] Hitler, si vous voyez ce que je veux dire… »

Henriette Kroon faisait partie d'un réseau. Son opposition à Hitler était catégorique, et sa détermination, totale. Coûte que coûte, il fallait résister au nazisme et si Hitler avait décidé de déporter des rouquins[2], nul doute qu'elle aurait sauvé des rouquins ! Après la guerre, chose curieuse, une de ses filles rencontre un soldat de la Brigade juive, en tombe amoureuse et s'en va vivre avec lui en Israël… Et c'est ainsi que la petite-fille d'Henriette Kroon, Irit, est une Israélienne

---

1. **Faire offense à :** insulter et narguer.
2. **Des rouquins :** des personnes aux cheveux roux.

qui parle l'hébreu et le hollandais ! Elle fait aujourd'hui ses études à Amsterdam, et elle vit chez sa grand-mère. C'est elle, souvent, qui incite celle-ci à raconter, à expliquer les sauvetages de Juifs pendant la guerre. Et sa grand-mère, du haut de ses quatre-vingt-huit ans, sourit et se souvient. Elle accompagne sa petite-fille de temps à autre en Israël pour y voir sa propre fille, et la famille. Elle a caché tous ces Juifs à la maison, et les voici maintenant dans la famille...

Henriette Kroon rit :

« Le destin !...

– Pourquoi avez-vous fait tout cela ? »

Elle relève la tête, le regard étonné, puis, comme un défi : « Pourquoi pas ?

– Vous êtes croyante ? »

Henriette Kroon sourit à ma question.

« Oui, bien sûr », me dit-elle.

Et elle se signe. Son sourire s'élargit et rayonne. Tout son visage s'épanouit.

« Je suis protestante. Mais vous savez, ce que j'ai fait, c'était humain, c'est tout : ça n'avait pas à être dicté par la croyance...

– Cinquante ans après, si c'était à refaire ?...

– J'espère que je le referais ! »

Au fond d'elle-même, elle n'en doute pas un seul instant ! Oui, elle recommencerait – j'en suis persuadé. Elle joue avec ses bagues en me parlant, une main scrutant[1] l'autre du bout des doigts, et je la sens indignée à l'idée que tant de malheur et de désolation puissent revenir s'abattre sur le monde.

1. **Scrutant :** examinant avec attention.

Exalté par cette rencontre, je décide de partir le jour même à Westerborg où, dans une ancienne ferme, une autre Hollandaise, Annie Baetsen, et son mari ont caché des Juifs pendant la guerre. En route, traversant une région parsemée de moulins à vent, je repense soudain à cette phrase de Don Quichotte[1] : « *Une bonne expérience est plus merveilleuse qu'une mauvaise possession* » Je souris en moi-même et me demande si par hasard, au cours de cette recherche sur les mécanismes du Bien, je ne découvrirais pas plus facilement l'horlogerie de l'espoir.

Je suis accompagné de Sira Sodentrop, épouse du grand rabbin[2] de Haarlem[3], qui fut sauvée, jadis, par Annie Baetsen. Celle-ci appelle Sira sa « fille aînée », et très longtemps Sira a appelé « maman » sa sauveteuse. Nous reviendrons tout à l'heure sur cette filiation.

Annie Baetsen, malgré ses soixante-treize ans, paraît encore jeune. Voici un demi-siècle, lorsqu'elle sauvait des Juifs, elle avait à peine plus de vingt ans. On ne saurait oublier ce décalage, cette distance qui reviennent sans cesse dans cette recherche des Justes : je parle à des gens âgés de leur action de jadis, qu'ils ont menée alors qu'ils étaient très jeunes, à une époque où le choix qu'ils faisaient entraînait la mort ou sauvait une vie. Mais, en raison inverse de cette distance dans le temps, l'intensité des souvenirs qui restent liés à ces événements n'a pas faibli. Annie Baetsen, comme d'autres Justes que j'ai déjà ren-

1. **Don Quichotte :** nom que l'écrivain espagnol Miguel de Cervantès (1547-1616) a donné au personnage principal de son roman *Don Quichotte de la Manche* (1605-1615).
2. **Grand rabbin :** chef religieux d'une communauté juive.
3. **Haarlem :** ville de Hollande.

contrés, garde une conscience très vive de cette époque.

« Nous étions dans la Résistance avec mon frère, me dit-elle. À la maison, nous cachions des antifascistes, des résistants. Un soir, en février 1944, il a fallu héberger des Juifs : le père et la mère de Sira. Ils fuyaient, ils étaient en danger partout. Un mois plus tard, Sira est venue à son tour. Elle avait un an ! Et puis il y a eu d'autres Juifs, quantité d'autres Juifs et des malades, et des blessés, ici. Il fallait se méfier. Dans le pays, il y avait des gens du NSP[1], des nazis hollandais, qui surveillaient tout.

– Est-ce que vous connaissiez des Juifs, avant la guerre ?

– Non. Ceux qu'on a hébergés venaient d'Amsterdam, des villes.

– Oui, mais, d'une manière générale, un Juif, c'était quoi, pour vous ?

– On n'avait jamais fait attention si c'était des Juifs ou autre chose. Mais quand on a eu des Juifs à la maison, on n'a plus accepté personne d'autre. Par prudence. Il pouvait y avoir des antisémites partout, y compris même, peut-être, chez certains de nos amis. On pouvait être trahis nous aussi. J'ai toujours dit à tout le monde que Sira était de la famille. J'ai inventé plein de choses à son sujet...

– Ici, c'était une ferme. Quelle était votre activité ?

– Je m'occupais de la maison : du ménage, du ravitaillement. Il fallait faire le pain soi-même et cultiver nos légumes. Parfois on allait au village pour chercher ce qui manquait, mais on y perdait des heures et des heures. Par bonheur, on avait quand même des cartes de rationnement, parce que mon

1. **NSP :** initiales du parti fasciste hollandais.

frère, à l'époque, était clerc de notaire[1] et il avait été placé au bureau de distribution. Mais, tout de même, des heures d'attente pour tout... Les coupons de rationnement, ne m'en parlez plus ! Il y avait plein de monde à la maison, et ma sœur aussi, qui venait d'avoir un bébé. J'étais moi-même enceinte, et seule pour tout régler, pour faire tourner la maison, nourrir tout le monde ! D'autant que, figurez-vous, c'était la ligne de front[2] par ici. Les Allemands étaient dans le coin, et tout ce grand champ, devant vous, était miné[3]. Pour aller au village, il fallait contourner la maison et passer par l'arrière !

– Aviez-vous peur ?

– Non, non. À l'époque, non. Et puis, un beau jour, une voisine me dit : "Mais tu caches une petite fille juive ici ! Tu n'es pas folle ? Il y a plein de traîtres dans le secteur, plein de NSP – rien que des fascistes ! Il faut partir !" À ce moment-là on a déménagé, on est allés s'installer à Drenthe. Là-bas, on entendait les gens chuchoter, à propos de Sira, des choses du genre : "C'est pas une gosse de sa famille, c'est peut-être une Juive", et j'ai commencé à avoir peur d'une dénonciation. Un jour, j'ai fait venir un médecin que je ne connaissais pas, bien sûr – c'était au hasard – , mais Sira était très malade. Ce médecin a aussitôt deviné. Il m'a dit : "Tu as de la chance ; j'aurais pu être un médecin proallemand. Moi, je ne dirai rien. Je n'ai jamais vu de petite fille juive ici..." Et puis, à Drenthe aussi, nous étions entourés de gens du NSP. Mon frère les croisait tous les matins, il leur disait bonjour, comme si de

1. **Clerc de notaire :** employé travaillant dans l'étude d'un notaire.
2. **La ligne de front :** la ligne des positions occupées par l'ennemi.
3. **Miné :** garni de mines, d'engins explosifs enterrés.

rien n'était. Dans le quartier, il y avait un enfant juif dont le père avait été arrêté. Là, j'ai eu très peur. J'ai passé des nuits entières sans pouvoir dormir. Et puis, en septembre, j'ai accouché d'une petite fille, "ma seconde", puisque "la première" était Sira... Elle a un an et quatre mois de moins que toi, hein, Sira ? »

L'intéressée sourit et acquiesce.

« Vous voyez, me dit-elle, ce que je vous avais dit à propos de mes deux mères. Parce que ma mère, elle, est revenue sauve de ces années de guerre. Et j'appelais tante Annie "maman". Je ne me suis mise à l'appeler "tante Annie" que beaucoup plus tard... Et quand je montrais de l'affection à l'une, j'avais mauvaise conscience : comme si je volais du même coup une parcelle d'amour à l'autre. Mais comment faire ? Toute mon enfance a été marquée par ça. Quand "ma maman" Annie disait aux gens : "Ce qu'elle est jolie, ma petite fille", je me sentais fière et heureuse, et puis je pensais à ma vraie maman en me demandant : "Mais si elle entendait ça, comment elle le prendrait ?..." Mais l'intégration familiale était totale, j'étais de la famille, chez tante Annie qui était ma maman... D'ailleurs, quand je me suis mariée, j'ai dit à mon mari, le rabbin Sodentrop : "Viens, il faut que je te présente mon autre mère : Annie Baesten." J'ai téléphoné ici, en prévenant tante Annie de notre arrivée... Nous sommes arrivés en voiture, mon mari et moi, avec des cadeaux, un énorme bouquet de fleurs, etc., je savais que nous étions attendus, ainsi qu'un plantureux[1] repas. La fête, en somme. Je me suis présentée à la grande porte, j'ai sonné – rien. J'ai resonné – toujours pas le moindre signe de vie. Un peu in-

1. **Plantureux** : copieux.

quiète, je suis passée à l'arrière de la maison et suis arrivée à la petite porte, celle qui donne sur la cuisine. Ils étaient tous là, à attendre. La sonnette ? Ils n'avaient rien entendu... Et puis tante Annie m'a dit en souriant : "Quoi, ma fille, tu n'es plus de la famille ? Il n'y a que les amis, ou les inconnus, qui sonnent à la grande porte. Tu ne pouvais pas passer par la cuisine, comme d'habitude ?..." »

Les deux femmes éclatent de rire.

Je reviens aux années de guerre. Je veux savoir pourquoi Annie Baetsen, en dépit de tous les risques, a sauvé des Juifs.

« Vous savez, il faut comprendre... Il faut imaginer ce qui se serait passé si personne n'avait rien fait contre les nazis : ça aurait été le chaos. C'était déjà infernal, oui, mais ça aurait été le chaos. On savait bien que c'était dangereux, mais ici, à la ferme, je n'avais pas peur. C'est ensuite que j'ai commencé à avoir très peur, là-bas, à Drenthe. Ici, il y avait de quoi se cacher. Tenez, par exemple, vous voyez ce bosquet, ces gros buissons, là, devant la maison ? Eh bien, quand il y avait des visites, j'y emmenais nos Juifs pour qu'ils soient à l'abri des mauvaises curiosités. Mais je ne passais pas mon temps à me demander pourquoi je faisais tout ça. Je le faisais, c'est tout. On veut aider d'autres gens, on veut aider son prochain – on ne peut pas faire autrement !

– Cinquante ans après, comment voyez-vous tout cela ? Avez-vous des regrets ?

– Des regrets ? Oh non, pas du tout ! Et s'il y avait encore une guerre, je referais la même chose ! Pourquoi devrais-je regretter d'avoir aidé des gens ? S'il le fallait, je les reprendrais chez moi tout de suite ! Et puis, pour Sira, une enfant si gentille, si adorable, j'étais si heureuse de l'avoir près de moi : comment éprouver du regret ? Bien sûr que je la cacherais encore ! »

Annie Baetsen rit de bon cœur. Elle serre la main de Sira Sodentrop dans les siennes. Comment un Hitler quelconque, quelles que soient sa force et sa férocité, pourrait-il effacer toute trace de bonté du cœur humain ? Il n'est pas venu à bout d'Annie Baetsen ni de sa « petite fille ». Il n'est pas venu à bout de centaines d'autres, de milliers d'autres de ces Justes et de leurs protégés. En certains moments extrêmes de l'Histoire, le mal peut se parer de tous les vains prestiges[1] de la tyrannie et disposer des pires moyens d'extermination : il se présente alors comme le mal *absolu*. Mais le mot est trompeur, inexact et déplacé. Cet absolu du Mal n'est que transitoire. Pendant la période même où il semble triompher sans vergogne[2], le sens du Bien, déjà, en sape[3] les fondements. À supposer même que Hitler ait réussi à gagner cette guerre, son prétendu Reich n'aurait pas duré mille ans, comme son délire le lui faisait croire : je veux penser qu'on ne saurait étouffer si longtemps la justice, et ces Justes que je rencontre me font pressentir que cet espoir-là ne se trompe pas – que je ne pèche pas par optimisme[4] en supposant que le Bien, aussi bafoué[5] qu'il puisse être, demeure irréductible.

Je cherche le Bien et je parle à nouveau d'espoir. Mais l'un n'est-il pas le rêve de l'autre ?

---

1. **Les vains prestiges :** les faux attraits, la fausse gloire.
2. **Sans vergogne :** sans honte.
3. **Sape :** mine, affaiblit.
4. **Que je ne pèche pas par optimisme :** que je ne vois pas uniquement le bon côté des choses.
5. **Bafoué :** humilié.

En France

Un pays qui fait alors rêver des millions de condamnés à mort, dans cette Europe transformée en un gigantesque camp de concentration, c'est la Suisse. Je crois qu'à l'époque elle faisait rêver plus encore que l'Amérique, parce que géographiquement plus proche, plus accessible. Mais à ses frontières les nazis patrouillent et les dénonciateurs veillent. Face à eux se sont constitués des réseaux de paysans, de prêtres, de pasteurs[1]. Certains ont payé leur engagement de leur vie. Pourquoi ?

« Parce que l'abbé Reuzé nous l'a demandé. Il disait qu'il fallait faire passer la frontière à ces gens qui étaient persécutés. Et puis le curé de Végy[2] les a amenés à la maison et ça s'est amplifié...

– Est-ce que vous avez idée du nombre de personnes que votre père et vous avez ainsi aidées ?

– Je ne sais pas. Certainement plus de mille. Oui, presque tous les soirs on hébergeait plusieurs personnes, jusqu'à une vingtaine à la fois, avant de les emmener en Suisse. »

Thérèse Neury-Lançon est une paysanne d'imposante stature, au visage rond et doux. L'évocation de ces années-là n'est pas sans la remuer[3], et souvent les larmes affleurent sous ses propos.

La modeste ferme de la famille, qui, à l'époque, était forte d'une dizaine de vaches[4] et d'un cheval, se trouve à quel-

1. **Pasteurs :** ministres d'un culte protestant.
2. **Végy :** nom d'un village de Haute-Savoie.
3. **Sans la remuer :** sans la bouleverser.
4. **Forte d'une dizaine de vaches :** possédant environ dix vaches.

ques mètres de la frontière suisse. Thérèse Neury-Lançon me montre du doigt, juste au-delà d'un alignement d'arbres, les deux ou trois kilomètres de frontière qui borde les terrains et les prés de la ferme.

« Il y avait des patrouilles. Il fallait toujours envoyer quelqu'un seul, en éclaireur, pour nous avertir, pour nous indiquer le moment où nous allions pouvoir traverser tout le pré, arriver jusqu'aux arbres et faire passer les Juifs. Il fallait travailler dur à couper les barbelés, puis les soulever pour que tout le monde passe dessous et traverse le ruisseau qui coule à cet endroit : de l'autre côté du ruisseau, c'est la Suisse. Là, il y avait un douanier suisse très gentil, M. Kurdi, qui a même donné un peu d'argent à certains de ces malheureux pour qu'ils puissent se payer le tram[1] en arrivant en ville. »

Thérèse Neury-Lançon est l'aînée de sept enfants. Le plus jeune avait dix-huit mois quand sa mère est morte, en 1937, et la jeune fille a dû très tôt faire face à la vie.

Lorsque je lui demande pourquoi, avec son père, elle a ainsi aidé des Juifs inconnus à échapper au pire, elle répond :

« Pourquoi ? Eh bien... je pense que c'est normal, non ?

– Vous saviez ce que c'était, un Juif ?

– Oui. Enfin, en milieu catholique, on n'était pas sans savoir que le Christ venait de chez eux. »

Et tout à coup, comme pour se libérer d'un souvenir jamais partagé, elle raconte :

« On avait affaire à des gens démunis, effrayés, qui fuyaient avec de vieilles valises mal ficelées. C'est devenu plus difficile, et beaucoup plus dangereux, quand l'occupation allemande a

1. **Le tram :** le tramway.

remplacé celle des Italiens[1]. D'ailleurs, les Allemands étaient là depuis quinze jours quand ils m'ont arrêtée. Ils m'ont gardée trois semaines, et puis ils m'ont relâchée. Nous avions été dénoncés. Ils ne m'ont relâchée, le 27 octobre 1943, que pour pouvoir piéger mon père, pour prendre tout le réseau. Il s'est pourtant caché longtemps, à partir de mon retour... Ils ont fini par l'arrêter, oui..., le 10 février 1944, et je ne l'ai plus jamais revu. »

Thérèse Neury-Lançon pleure.

Je lui demande :

« Vous étiez des catholiques très pratiquants ?

– Oui, dit-elle en étouffant un sanglot. Mon père avait la foi. »

Et j'apprends que son père, François Lançon, en compagnie de l'abbé Reuzé et de son ami Périllat, a été déporté à Auschwitz, puis transféré à Einsbrück, en Bavière, où ils ont trouvé la mort.

« François a souffert aussi... », me confie-t-elle.

Et cet « aussi » me bouleverse. Non, les miens n'étaient pas seuls dans leur souffrance, je le savais – mais je sais également qu'ils auraient tant aimé partager un peu de bonheur avec les autres.

« Et si c'était à refaire ? lui demandé-je.

– Je ne sais pas... Peut-être, oui. Vous savez, quand on devient âgé, on a moins d'allant[2], et on voit... on voit plus loin que quand on est jeune. Mon père, il avait cinquante ans quand il est mort, il était encore dans la force de l'âge ; ça a

1. **Quand l'occupation allemande a remplacé celle des Italiens :** l'Italie de Mussolini est alors l'alliée des nazis.
2. **Allant :** entrain, énergie.

été dur, ça a été si dur pour lui… Enfin, si c'était à refaire, il faudrait bien. »

Je considère l'étendue qui sépare la ferme de la ligne-frontière, au-delà des arbres. Par là, en foulant ce sol, un millier de Juifs sont passés. Je m'interroge sur ce « *enfin, si c'était à refaire, il faudrait bien* », de Thérèse Neury-Lançon. Pourquoi cette femme âgée, usée par le travail, cette paysanne, fille de paysan, croit-elle devoir quelque chose aux persécutés ?

Je ne quitte pas les parages[1] immédiats de la frontière franco-suisse, pour aller rendre visite, côté français, à un autre de ces *passeurs* qui, jadis, ont permis à tant de malheureux d'échapper au pire en les faisant passer d'un pays dans l'autre.

Raymond Boccard est un religieux, un catholique : tout le monde, dans cet institut qu'il n'a pas quitté depuis la période d'avant-guerre, l'appelle avec affection « frère Raymond ». C'est un homme très âgé, fragile, presque diaphane[2]. Il a l'ouïe fatiguée, la voix frêle[3], mais l'œil et l'esprit qui pétillent d'une espèce de joie perpétuelle. Par moments, il me fait penser à un lutin[4] malicieux et farceur, qui se réjouit encore, cinquante ans après, d'avoir su berner les Allemands. L'institut auquel il appartient jouxte[5] au plus près la frontière : de l'autre

1. **Les parages :** les environs.
2. **Diaphane :** transparent.
3. **Frêle :** fragile.
4. **Lutin :** petit démon espiègle.
5. **Jouxte :** se trouve près de, avoisine.

côté de la fenêtre de l'une des façades, c'est la Suisse, au bout du jardin, à partir du muret de pierre, c'est encore la Suisse – lieu idéal, donc, pour faire passer des réfugiés. Des centaines de Juifs ont traversé ce jardin, escaladé ce mur, franchi le ruisseau du Foron et les barbelés qui s'interposaient encore, ultimes et minces obstacles avant la liberté.

« Que faisiez-vous pendant la guerre, frère Raymond ? Quel était votre rôle dans cette dangereuse activité ? »

Frère Raymond émet un petit rire au timbre flûté[1], va ouvrir la fenêtre, puis se gratte un instant la tête.

« Voilà, dit-il. Voilà ce que j'ai fait ! Pendant la guerre, vous voyez, j'ai ouvert la fenêtre ! »

Et il rit de nouveau avant d'ajouter :

« Comme ça : j'ouvrais la fenêtre et je me grattais la tête. C'était ça, ma dangereuse activité ! Héroïque, non ?... »

L'humour primesautier[2] de ce vieux religieux me surprend et me séduit. Je lui demande tout de même de se faire plus précis. Frère Raymond, toujours souriant, consent à s'expliquer davantage :

« De cette fenêtre, à l'étage, on voit loin : je guettais donc la patrouille allemande qui surveillait notre coin de frontière. Ils étaient un petit groupe de soldats, l'arme à l'épaule. Ils faisaient toujours le même trajet, en longeant scrupuleusement la frontière, passant et repassant à intervalles réguliers. On avait mis des semaines à étudier leur manège[3], à chronométrer leurs va-et-vient... Quand ils arrivaient à la hauteur du grand sapin que vous voyez là-bas, ça nous laissait trois mi-

1. **Flûté** : semblable au son d'une flûte.
2. **Primesautier** : spontané.
3. **Leur manège** : leur manière de patrouiller.

nutes pour que nos protégés puissent courir jusqu'au mur et franchir les barbelés sans être vus de la patrouille de ces messieurs. Donc, lorsqu'ils arrivaient au grand sapin, je me grattais la tête : c'était le signal pour que nos amis, qui attendaient en bas, se précipitent pendant que les Allemands étaient loin et nous tournaient le dos... Voilà : mon rôle était celui du guetteur.

– Qui, au couvent, avait pris la décision d'aider tous ces gens à passer la frontière ?

– Le révérend père Favre. Il était en rapport avec l'Intelligence Service[1] pour passer le courrier, les messages secrets.

– Et les Juifs, vous leur avez fait traverser la frontière à partir de quel moment ?

– Je crois que c'était à partir de 1941. Excusez ma mémoire. Les dates, n'est-ce pas...

– Frère Raymond, quand je vous ai parlé du danger, tout à l'heure, vous avez ri, vous avez plaisanté sur votre "héroïsme". Votre modestie et votre sens de l'humour m'enchantent, mais, enfin, c'était quand même dangereux, ce que vous faisiez ! Vous n'avez donc jamais eu peur ? »

Frère Raymond me regarde avec toujours cet œil amusé, y compris pour me répondre tout à fait sérieusement :

« Non. Je n'ai jamais eu peur. Pas ici. Il n'y a qu'au-dehors que j'aurais pu être pris par les Allemands. Quand il arrivait – car ça arrivait – que nos Juifs, après avoir passé la frontière, soient refoulés par les Suisses, ils revenaient chez nous, au couvent. Alors, je les faisais dormir dans la grange avec tout ce qu'il fallait, nourriture et commodités,

1. **L'Intelligence Service :** les services d'espionnage anglais.

puis le lendemain je les conduisais à Annemasse[1], avec tous leurs bagages dans ma remorque : là-bas, je les confiais à un autre réseau, qui tentait à son tour de les faire passer en Suisse. Parfois, ils prenaient peur parce que en chemin nous croisions des patrouilles. Mais je n'avais pas peur, je leur disais : "Souriez ! Mais souriez-moi donc !" Et ça passait... Si on nous avait demandé nos papiers, bien entendu, nous aurions tous terminés en camp de concentration, mais... bon, on souriait, et on passait ! Aucune patrouille ne nous a jamais demandé quoi que ce soit... Vous dire que ce n'était pas dangereux, non, je ne dirais pas ça. Mais la peur n'est pas très utile. Vous savez, notre directeur, à l'époque, a été arrêté ; il a fait six mois de prison à Annemasse, et son père avait été fusillé. Comment ignorer qu'il y avait du danger ? Mais, danger ou pas, aurais-je dû cesser d'ouvrir la fenêtre, de regarder alentour et de me gratter la tête quand les Allemands avaient le dos tourné ?... »

Frère Raymond sourit. Il rayonne d'une chaude malice[2] – d'une fausse malice : c'est le masque pudique[3] que prend son visage pour dissimuler sa vraie nature, qui est bonté, étonnante et jubilante[4] bonté. Je sais que tout à l'heure, dès que je serai reparti, il va replonger dans son habituel silence, lui qui, aujourd'hui, a bien plus parlé que de coutume. Et je repense à l'une des rares « définitions » de ce mot, qui ne me semble pas *forcée*, telle qu'elle surgit dans *La Jolie Rousse*, l'un des plus beaux poèmes

1. **Annemasse :** ville française frontalière de la Suisse, de Genève.
2. **Malice :** méchanceté.
3. **Pudique :** plein de discrétion, de retenue.
4. **Jubilante :** réjouie.

d'Apollinaire[1] : « *Nous voulons explorer la bonté, contrée énorme où tout se tait.* »

Frère Raymond va se taire, mais il continuera, à jamais, de se gratter le crâne en souriant dans l'embrasure[2] d'une fenêtre.

Marie-Louise Lefebvre connaît bien Thérèse Neury-Lançon, et, comme cette dernière, elle a une certaine idée du Bien. Et surtout du Mal, qu'elle voudrait empêcher de se reproduire et de se répandre. Toutes les deux agissaient en liaison avec l'abbé Jean Reuzé, le curé de Douvaine[3]. Selon Marie-Louise Lefebvre, cet homme téméraire disait, en parlant des persécutions contre les Juifs, qu'il « ne pouvait pas supporter de rester sans rien faire devant de pareilles abominations ». Les deux femmes avaient des parents agriculteurs dont les fermes jouxtaient la frontière. On voit tout de suite ce que cette situation géographique avait d'intéressant pour faire passer en Suisse des maquisards[4] et des Juifs pourchassés.

Je suis auprès de Marie-Louise Lefebvre, dans la maison familiale où elle est née. C'est là qu'elle habitait pendant la

1. **Apollinaire :** poète français (1880-1918), auteur notamment du recueil de poèmes *Alcools* (1913).
2. **Embrasure :** ouverture pratiquée dans l'épaisseur d'un mur pour y mettre une porte ou une fenêtre.
3. **Douvaine :** nom d'une petite ville de Haute-Savoie.
4. **Maquisards :** ceux qui ont pris le « maquis », qui se sont regroupés dans des lieux naturels (maquis, montagnes, forêts...) difficile d'accès pour mener la lutte armée contre l'occupant.

guerre, avec ses parents. En 1939, elle avait seize ans ; c'est donc une jeune fille qui affrontait la situation.

« En fait, dit-elle, je revenais là tous les étés, puisque j'étais monitrice d'enseignement ménager dans une pension de famille, tout près d'Annemasse. Mes parents étaient de petits cultivateurs. Nous formions une famille très unie, qui travaillait dur.

– Vous participiez à un mouvement de jeunesse ?

– J'étais une *jaciste* ardente, très active, c'est-à-dire une militante de la JAC, de la Jeunesse agricole chrétienne, et l'abbé Reuzé m'a vite fait confiance. C'est lui qui a commencé à nous faire comprendre qu'il fallait aider les Juifs. À l'époque, à la campagne, dans nos populations de paysans, on n'avait guère l'occasion de rencontrer des Juifs. Je ne pense pas qu'il y avait de l'antisémitisme. L'abbé Reuzé, comme à ce moment-là la majorité des gens d'ici, était un homme de tradition, un homme de droite. Mais sur lui, le peuple déicide[1] et ces arguments-là, ça ne prenait pas. C'était quelqu'un de vraiment très intelligent, qui avait l'amour des autres dans le cœur. On ne saura jamais à quel point il a aidé... Il a évité la mort à des centaines, peut-être même à des milliers de personnes. Il a été l'âme du mouvement, ici. Quand je pense qu'il a lui-même fini dans ces camps de concentration, dans cette horreur qu'il a fait éviter à tant d'autres, je me dis que parfois le bon Dieu a de drôles d'idées...

– Cette aide aux Juifs, elle se passait de quelle manière ?

– Les gens de Témoignage chrétien[2] nous amenaient les

1. **Le peuple déicide :** le peuple qui a tué Dieu, c'est-à-dire les Juifs jugés coupables de la mort du Christ.

2. **Témoignage chrétien :** nom d'un mouvement de résistance et titre d'un hebdomadaire d'informations, d'inspiration chrétienne, fondé en 1941 par ce même mouvement.

personnes ici, où on les recevait avant de les emmener chez le curé de Végy, qui les confiait à son tour à deux cultivateurs, François Lançon, le père de Thérèse, et à son ami Périllat, qui se chargeaient du passage clandestin de ces Juifs. Ils coupaient les barbelés de la frontière et faisaient passer les gens en dessous avec les enfants, les malades, les bagages... Ils ont été magnifiques, vraiment héroïques. Ils ont fait ça avec un grand courage, une totale abnégation[1]. Ils sont d'ailleurs morts en déportation après avoir été dénoncés.

– Mais, avant qu'ils puissent passer la frontière, il fallait nourrir ces gens que vous accueilliez ? Comment faisiez-vous ? Les cartes d'alimentation ?...

– C'était quand même plus facile de se nourrir à la campagne où les poules pondent des œufs, où les vaches donnent du lait et où il y a du lard au saloir[2] ! En général, nous gardions nos "invités" à dormir une nuit à la maison. Mais ici, ça a été un important lieu de passage pour les enfants. Il y avait une demoiselle, Rolande Virgie, qui se déguisait en cheftaine de scouts[3], de louveteaux[4], mettait à ces enfants juifs un petit foulard, un petit béret[5] et les faisait voyager en train jusqu'ici, où elle les remettait aux passeurs. Elle travaillait elle aussi avec l'abbé Reuzé et les Lançon.

– Vous aviez peur ?

---

1. **Abnégation :** sacrifice de soi.
2. **Saloir :** coffre ou endroit où l'on conserve des denrées alimentaires par le sel.
3. **Scouts :** adolescents faisant partie du mouvement de jeunesse du scoutisme.
4. **Louveteaux :** très jeunes scouts.
5. **Un petit foulard, un petit béret :** accessoires faisant partie de l'uniforme des scouts et des louveteaux.

– Tout le temps ! On mourait de peur en permanence. Il y avait des villages qu'on brûlait, des prises d'otages, des gens fusillés, des arrestations. On était sans arrêt en alerte. Le moindre bruit, la moindre chose... On vivait dans un climat d'angoisse, oui... Mais que faire ? On n'allait tout de même pas laisser les gens mourir, laisser des enfants mourir parce qu'on avait peur ! Bien sûr qu'on connaissait les conséquences. Bien sûr, on a peur de mourir. Moins à vingt ans qu'à soixante-dix, mais, à moins d'être idiot, on sait bien que ce que l'on fait est dangereux. Un jour, maman, qui avait quatre-vingt-dix ans à ce moment-là, a dit à un monsieur venu la remercier : "Mais, monsieur, ce qu'on a fait là, c'était naturel. Il n'y avait rien de plus naturel que ça." Et ce monsieur lui a répondu : "Madame, ce n'était pas si naturel que ça... Il y a beaucoup de gens qui ne l'ont pas fait. Ce que vous avez fait était surnaturel !" Alors, disons que c'était peut-être un peu... surnaturel – mais comment faire autrement ? Quand on voyait ces bandes de gosses qui arrivaient... Je n'oublierai jamais ce petit gosse de quatre, cinq ans que j'ai emmené un soir à la frontière avec Rolande Virgie ; il n'avait plus qu'une chaussure, et il marchait comme il pouvait, en sautillant sur un pied – c'était poignant... On ne pouvait pas les laisser. Qu'aurait-il fallu faire ? Les renvoyer d'où ils venaient ? Les renvoyer à la mort ?

– Si, hélas, il fallait recommencer ? Si c'était à refaire, vous le referiez ?

– Oui ; ça ne nous paraissait pas héroïque, vous savez. Il nous semblait qu'il fallait le faire, et puis voilà. C'est très paysan comme attitude : il y a quelque chose à faire, bon, ce n'est peut-être pas très facile, c'est même dangereux, mais il faut le faire ! Et puis ces gens-là, tous ces réfugiés, on les aimait.

La petite fille juive qu'on a eue ici avec nous pendant trois ans, on l'a aimée comme notre petite sœur. Elle n'a jamais revu sa mère, la pauvre, mais elle a pleuré avec nous, avec le même chagrin, à la mort de maman. On s'aimait, vous savez ; on était pauvres, pas très instruits, et on s'aimait. Je crois qu'il y avait plus d'amour dans l'air, dans le cœur des gens, qu'aujourd'hui où ils sont plus riches, plus individualistes, où ils ont moins besoin des autres, peut-être... »

Pierre Saragoussi n'est pas un Juste, mais un *épargné*, un rescapé juif. Conseiller du directeur général de la Caisse des dépôts et consignations[1], c'est un homme paisible et doux. Le visage jeune mais le sommet du crâne lisse, il est peu à peu gagné par l'émotion au fur et à mesure qu'il parle. Souvent, il joint du bout des doigts ses mains qu'il tient largement ouvertes pour raconter son odyssée[2].

« Nous avons été pris, me dit-il, le 5 novembre 1942, mes parents, ma sœur et moi, à Paris, au 11 de la rue des Islettes, où nous habitions. C'était le soir, vers onze heures. Deux policiers français en uniforme, accompagnés d'un troisième en civil. En fait, ils venaient arrêter mon père, Juif grec engagé volontaire dans un régiment "Étrangers" de l'armée française en 1940. Mon père tenait la France en haute estime, et il s'était engagé pour la défendre et pour combattre le nazisme. Quand

1. **Caisse des dépôts et consignations :** nom d'un établissement financier dépendant de l'État.
2. **Son odyssée :** son voyage mouvementé, par référence et allusion au périple d'Ulysse dans *L'Odyssée* d'Homère.

ils nous ont vus tous ensemble, l'homme en civil (Milice française[1] ? Gestapo ? Nous n'avons jamais su) a dit : "Eh bien, puisque toute la famille est là, embarquons-les !" Je me souviens de cris, de pleurs, de supplications. Attirée par le bruit, notre voisine, Élise Caron, est venue. Elle a essayé d'intervenir. Le type en civil l'a menacée : "Si vous vous interposez encore, on vous embarque aussi !" Les policiers nous ont conduits au commissariat du XVIIIe arrondissement. Des dizaines de personnes, toutes arrêtées, comme nous, attendaient. Un des policiers en uniforme qui nous avait emmenés a demandé à mes parents d'approcher, puis il nous a longuement regardés, ma sœur et moi. Elle avait huit ans et moi cinq. Le policier, peut-être ému par les réactions de mes parents, a pris leurs papiers puis il a annoncé : "Couple Saragoussi : Juifs sans enfants..." Je m'en souviens bien. Il a dit : "sans enfants". »

Pierre Saragoussi est troublé. Il doit prendre sur lui avant de poursuivre son récit d'une voix plus assurée :

« Vous comprenez, cette déclaration du policier : "Juifs sans enfants", ça résonne encore en moi comme quelque chose de très fort et de très déchirant à la fois, puisque ça nous a sauvés, ma sœur et moi, et parce que ça signifiait en même temps la négation de notre famille, parce que ça sonnait le glas[2] de notre famille : à partir de ce moment-là, on ne serait plus jamais ensemble.

– Et vos parents ?

– Je ne les ai plus jamais revus... »

1. **Milice française :** organisation créée par le gouvernement de Vichy qui participa activement à la collaboration avec les Allemands en luttant contre les réseaux de la Résistance.
2. **Le glas :** la mort, la fin.

Les larmes, dans les yeux de cet homme, affleurent à nouveau... Je le laisse se ressaisir et reprendre son récit :

« Ensuite, et c'est extraordinaire, ce policier a traversé une nouvelle fois Paris pour se rendre rue des Islettes et se présenter aux aurores chez notre voisine, Élise Caron, en lui disant : "Si vous voulez prendre les enfants, venez avec moi." Et là, il y a aussi cette espèce de courage irraisonné d'une femme qui part à son tour au petit jour pour aller nous récupérer, ma sœur et moi, à cette mairie du XVIIIe. Elle nous a gardés plusieurs jours chez elle en nous interdisant d'approcher des fenêtres parce qu'elle avait peur d'une épicière dont elle se méfiait, qui logeait juste en face. Il paraît que je pleurais tout le temps, que je poussais des cris. Élise Caron, de son côté, préparait notre mise à l'abri définitive. Elle a pris contact avec sa belle-sœur, Lucienne Guyollot, qui habitait un village de l'Yonne, entre Auxerre et Joigny : à Appoigny. Mme Guyollot a donc pris un train à Migennes pour venir nous chercher à Paris... Là encore, quand on imagine ce que ça pouvait être, à l'époque, d'oser partir de Migennes à Paris par le train pour ramener chez elle, au retour, deux enfants juifs... C'était un acte d'un courage inouï ! J'y ai souvent réfléchi. C'était aussi un courage naturel, un courage ordinaire, parce que Mme Guyollot comme Mme Caron n'étaient pas des personnes politiquement engagées ou qui s'étaient battues contre le nazisme, l'antisémitisme... Je pense qu'elles ont agi par sentiment de révolte, de révolte spontanée contre des actes inhumains. Lucienne Guyollot est donc venue nous chercher. Nous sommes restés avec elle, chez elle, à Appoigny, jusqu'à la fin de la guerre et au-delà. Tout le monde, au village, savait que nous étions juifs, et personne n'a rien dit. Ce qui est d'autant plus troublant si l'on songe qu'il y avait à Appoigny des collabos[1], des collaborateurs actifs (qui ont d'ailleurs été tués par la Résistance à la fin de la guerre) – mais tous ont observé une espèce de silence, de *complicité passive*. Une espèce de chaîne du silence s'est constituée d'elle-même, où chacun a tenu son rôle pour nous protéger. Nous avons aussi été baptisés, grâce à la complicité du curé du village, sollicité par Mme Guyollot : avec des certificats de baptême, nous étions un peu mieux protégés[2]. C'est mon père, juste avant de disparaître, qui avait pu écrire à Lucienne Guyollot pour lui recommander de procéder à ce stratagème... Et puis il y a eu aussi un moment étrange : un grand danger suivi d'une chance inouïe ! Lucienne Guyollot tenait un café-restaurant où venaient beaucoup d'Allemands. Un jour, l'un d'eux, un officier, est allé à l'étage et il est entré dans ma chambre. Il y a vu, sur la cheminée, une photo de mes parents. Il est redescendu au restaurant : "Cette photo, ce sont les parents des enfants : des Juifs, a-t-il dit à Lucienne Guyollot. Pourquoi faites-vous ça ?" Ma tante a essayé (ma tante, c'est ainsi que ma sœur et moi appelons Mme Guyollot) de bredouiller des explications sans se trahir. Alors l'officier allemand s'est contenté de lui répondre : "C'est humain, c'est humain..." Il n'a jamais dénoncé ma tante. Vous voyez : il y a eu une espèce de chaîne de solidarité, y compris avec des maillons imprévus, comme la discrétion, la compréhension de cet Allemand. »

---

1. **Collabos :** mot abrégé pour désigner les collaborateurs, ceux qui travaillent avec l'ennemi.

2. **Avec des certificats de baptême, nous étions un peu mieux protégés :** ces certificats de baptême assuraient que l'on était chrétien, donc pas juif.

Que se serait-il passé, si cet officier allemand avait trouvé, chez Lucienne Guyollot, non pas la photo d'un couple juif dont elle cachait les enfants, mais un revolver utilisé par la Résistance ? Il aurait pu dégainer son propre revolver pour abattre Lucienne Guyollot et d'autres villageois avec elle. Car il aurait retrouvé alors un langage qu'il connaissait bien : celui de la violence. En face de sa propre et injuste violence, il aurait rencontré, avec ce revolver supposé, la violence au service de la justice : juste violence, certes, mais violence tout de même. Par réflexe, par habitude, il lui aurait opposé la sienne.

Mais ici, confronté à un langage dont il ne maîtrisait pas les règles, il a été déstabilisé. Et sous son uniforme nazi, dans le cœur de l'homme qu'il était, s'est réveillée pour un instant cette étincelle d'humanité, cette flammèche[1] de l'immémoriale[2] connaissance du Bien que, depuis le début de mon aventure, j'espère débusquer[3].

Cet officier allemand n'a pas déjeuné ce jour-là, ni les jours suivants, dans l'auberge de Lucienne Guyollot. Il n'y est jamais revenu. Comme s'il avait craint d'être malgré tout tenté de retomber dans le Mal et d'accomplir son « devoir » de nazi.

Pierre Saragoussi poursuit :

« Ces deux femmes, Élise Caron et Lucienne Guyollot en particulier, ont fait des gestes... de très beaux gestes en vérité, et j'ai toujours conservé une grande admiration à leur égard. Parce que, en fait, dans ces cas-là, vous savez, on se pose la question : "Et toi, qu'aurais-tu fait ?" C'est vrai : en fait, on n'est jamais sûr, soi-même, de pouvoir accomplir des actes

1. **Flammèche :** petite flamme.
2. **Immémoriale :** de toute éternité.
3. **Débusquer :** repérer, déceler à force de recherches.

aussi forts, de pouvoir, en ces périodes terribles, risquer sa vie pour les autres, comme elles l'ont fait. »

Pierre Saragoussi pleure presque, une photo de ses parents à la main.

« Il y a quelque chose dont j'ai pris conscience ces temps-ci, ajoute-t-il. Lorsque ma sœur et moi montions dans le train pour l'Yonne, pour Appoigny, vers le sud, vers la vie, au même moment, mes parents étaient embarqués dans un convoi qui allait, lui, en sens inverse : vers la mort... »

Pierre Saragoussi se tait.

Un peu plus tard, il répond de nouveau à mes questions :

« Avez-vous retrouvé, depuis, ce policier qui vous a sauvé la vie en vous confiant à Mme Caron après avoir falsifié les papiers de vos parents pour les déclarer "sans enfants" ?

– Je ne suis retourné à Paris qu'en 1960. Non, hélas, je ne l'ai jamais retrouvé...

– Quels sont aujourd'hui vos rapports avec Lucienne Guyollot ?

– Vous savez, à Appoigny, Lucienne est devenue notre mère, même si nous l'appelions notre tante... Elle est encore en vie, quoique très âgée. Ma sœur et moi l'avons installée à Nice, où nous allons la voir souvent.

– Pierre, vous avez mentionné le rôle de la police française dans les rafles successives contre les Juifs. Vos parents ont été victimes de ces rafles, et vous-même, grâce à un policier parisien, avez été sauvé. Pensez-vous qu'il y ait eu beaucoup de policiers comme celui-là ? Beaucoup de policiers capables de prendre des risques pour soustraire deux enfants juifs à la mort ?

– En fait, je trouve ça admirable parce que exemplaire. Très souvent, trop souvent, on pense qu'on ne peut rien faire, que l'on appartient à un corps qui doit avant tout *obéir*. Et cet homme, qui ne nous connaissait pas, a pris le risque, par rapport à ses collègues, par rapport à sa hiérarchie, de dire *non* en secret et d'agir. C'est un geste qui donne de l'espérance. »

Pierre Saragoussi a raison : les policiers, ces fonctionnaires qui ont exécuté des ordres, et ceux qui ne l'ont pas fait, posent un problème qui est toujours d'actualité : celui de la conscience.

Un homme est-il ou non tenu de désobéir et même de s'opposer aux ordres de ses supérieurs lorsque ceux-ci bafouent[1] les droits de l'homme ?

Un État qui, par un coup de force, abroge[2] les lois et les règles qui l'ont constitué et qui ont fait sa réputation mérite-t-il encore le respect ?

Ce sont des questions qui valent d'être posées aujourd'hui, encore, mais auxquelles un pays comme le Danemark apporta, durant la dernière guerre, une réponse sans équivoque[3]. Sa police a joué un rôle déterminant dans le sauvetage des Juifs, en octobre 1943, quand la population a fait passer toute la communauté juive en Suède[4] : les policiers étaient de ceux qui dirigeaient les gens vers les quais d'embarquement clandestins.

---

1. **Bafouent :** méprisent.
2. **Abroge :** supprime.
3. **Sans équivoque :** sans ambiguïté, clairement.
4. **Quand la population [...] en Suède :** la Suède resta neutre durant la Seconde Guerre mondiale.

Des policiers de cette trempe, je vais en retrouver à Nancy. Ils étaient sept. Deux d'entre eux sont toujours parmi nous : Pierre Marie et Charles Bouy, les seuls survivants de ce « commissariat des Justes ».

Charles Bouy n'est plus très jeune. Ce policier à la mèche rebelle et au regard malicieux a dépassé les quatre-vingt-dix ans. Calant souvent sa joue sur son poing en parlant, il se livre à une évocation sans équivoque de ses sentiments de l'époque :

« Je n'ai jamais pu accepter les nazis... Jamais... Mon grand-père a fait la guerre de 1870[1]. Il a été sur le front... Je n'ai jamais aimé la guerre. Alors, ce jour-là, le 17 juillet 1942, le téléphone sonne au commissariat. Quelqu'un demande l'inspecteur Marie. Je dis à Pierre, qui était à côté, dans son bureau : "C'est pour toi." Il s'agissait d'un ami, un policier parisien, qui parlait d'une rafle terrible contre les Juifs à Paris, et qui annonçait pour très bientôt une autre rafle à Nancy. Alors Pierre nous rassemble : "La situation est grave, dit-il. À Paris, on rafle les Juifs. On rafle, on rafle..." Et il nous explique ce que son ami lui a révélé : qu'à Paris on emmenait ces Juifs dans un vélodrome[2] avant de les envoyer à l'Est, dans des camps de concentration... Nous nous sommes aussitôt réparti les quartiers de Nancy, les quatre arrondissements, pour prévenir les Juifs de chez nous et leur dire de s'en aller. Parce que d'ici à quelques jours ils risquaient d'être eux aussi embarqués par les Allemands. On leur

1. **La guerre de 1870 :** elle opposa pour la première fois l'Allemagne et la France. Elle se termina en 1871 par la défaite de la France ainsi que par la chute de Napoléon III et du second Empire.
2. **On emmenait ces Juifs dans un vélodrome :** il s'agit de la rafle du Vél'd'Hiv (du Vélodrome d'Hiver), qui eut lieu à Paris les 16 et 17 juillet 1942.

disait : “Planquez-vous chez des amis, vite !...” Ce qu’ils ont fait – mais une trentaine environ ne nous ont pas crus, ils disaient : “Ce n’est rien, monsieur Bouy, ils veulent seulement nous envoyer en Allemagne pour travailler...” »

« Le 18 juillet 1942, au lendemain de la rafle de Paris, se souvient à son tour Régine Jacubert, l’une des personnes sauvées, le policier Pierre Marie, que je connaissais bien, est venu me voir et m’a dit : “Tu te débrouilles comme tu veux, mais tu préviens tous tes coreligionnaires[1] qu’une rafle va avoir lieu demain soir à Nancy. Je suis de ceux qui sont désignés pour faire la rafle, et j’espère bien ne trouver aucun Juif chez lui !...” Alors, j’ai commencé à courir de porte en porte pour prévenir tout le monde. Pierre Marie m’avait dit que nous devions nous cacher pendant quelques jours, et qu’ensuite il nous donnerait un paquet de fausses cartes d’identité. Ce qu’il a d’ailleurs fait. Malheureusement, un couple de Juifs qui avait fui a été arrêté à la frontière. Les Allemands ont dû les tabasser car ils ont parlé, et le commissaire Vigneron a été arrêté ; il a fait trois mois de prison.

– Trouvez-vous normal, dis-je à Régine Jacubert, ce que les policiers Marie, Vigneron et Bouy ont fait pour vous ?

– À l’époque, j’étais jeune, j’étais naïve. Après la guerre, j’ai compris que les policiers, ici, à Nancy, Vigneron, Marie, Bouy, avaient fait quelque chose d’aberrant[2], d’exceptionnel ! Tout un commissariat au secours des Juifs !... Mais ce sont des gens que nous avions toujours connus. Je pense qu’ils avaient une certaine estime pour nous. Ils ont vu que nous travaillions

1. **Coreligionnaire :** personne qui professe la même religion qu’une autre.
2. **Aberrant :** insensé.

pour arriver. Ils savaient que nous nous étions battus pour obtenir la nationalité française – que l'on n'avait d'ailleurs pas voulu nous donner avant la guerre... Il ne faut pas croire que les choses aient toujours été faciles ! »

Pierre Marie n'est pas beaucoup plus jeune que son ami Charles Bouy, mais il est alerte. Ni le cheveu blanc et clairsemé ni les lunettes ne font de lui un vieillard. Avec sa femme, il occupe un trois-pièces au troisième étage d'une sorte de HLM[1].

« J'ai quatre-vingt-cinq ans, dit-il. La rafle de Nancy a eu lieu le 19 juillet 1942, deux jours après celle de Paris. Quand nous avons appris qu'il allait y avoir une rafle à Nancy, nous nous sommes concertés entre nous. Au Service des étrangers, nous étions sept : deux secrétaires et cinq inspecteurs. Nous avons décidé de venir en aide aux Juifs, et chacun de nous a pris une liste et a fait le tour de Nancy pour les prévenir. Certains ont reçu de fausses cartes d'identité pour pouvoir s'en aller... Une trentaine ont, hélas, été arrêtés par les Allemands, mais, de notre côté, nous avons pu en prévenir plus de trois cents.

– Et les sauver, donc ?

– Oui... Tout à l'heure, vous m'avez demandé pourquoi j'ai agi ainsi. Eh bien, par humanité et par patriotisme. J'étais affecté à ce Service des étrangers depuis 1935. J'en connaissais donc beaucoup : des Polonais, des Italiens. Ils étaient venus en France pour travailler. Ils étaient corrects et respectaient nos lois. Comme nous les voyions très souvent au Service,

---

1. **HLM :** sigle pour « habitation à loyer modéré ». Désigne des logements réservés aux gens ayant des revenus modestes.

nous les connaissions bien, nous avions une certaine sympathie pour eux. Nous étions comme des amis. Par exemple, Jérôme Sorin, qui est ici avec nous, je l'ai connu tout petit avec sa sœur Régine Jacubert... Et puis les choses ne cessaient de s'aggraver. Quand, par l'intermédiaire de la préfecture, le gouvernement de Vichy a donné l'ordre de recenser les Juifs, nous étions gênés. Ensuite, en 1941, quand il a fallu, au commissariat, leur remettre les étoiles jaunes, c'était très pénible. Les hommes, les femmes, les enfants, tous pleuraient : ils étaient traités comme du bétail.

– En 1941-1942, connaissiez-vous déjà les dangers qu'ils couraient ?

– Nous les pressentions, mais sans savoir qu'ils allaient à la mort. Les Juifs de Nancy qui étaient arrêtés pensaient qu'ils partaient dans un camp de travail[1] près de Vittel où étaient internés des ressortissants[2] français et alliés.

– En quelle année avez-vous appris la vérité sur les camps de la mort[3] ?

– Très tard. La propagande de Vichy ne parlait pas de ces événements. Nous l'avons su à la Libération[4].

– De votre groupe des sept de Nancy, vous n'êtes plus que deux ?

– Oui, Charles Bouy et moi. Je suis entré dans la police le 1er août 1930, et Charles le 1er février 1930 ! Nous nous connaissons donc depuis plus de soixante ans... »

---

1. **Camp de travail :** camp où les prisonniers étaient forcés de travailler pour l'ennemi.
2. **Ressortissants :** citoyens.
3. **Les camps de la mort :** les camps d'extermination, comme Auschwitz.
4. **La Libération :** la fin de l'occupation allemande qui correspond à la « libération » du territoire.

Charles Bouy, lui, loge avec sa fille et ses petits-enfants dans la maison qu'il habitait déjà pendant la guerre.

« Comment vous y preniez-vous pour fabriquer les faux papiers ?

– Nous les faisions ici même avec Édouard... Édouard Vigneron, l'un de nos bons amis du Service des étrangers. C'était le soir, à la bougie, quand les enfants étaient couchés – il ne fallait pas qu'ils nous voient faire, il ne fallait pas qu'ils sachent. On terminait vers minuit. Quand il était trop tard, je lui disais de rester dormir ici. Bien sûr, en tant que policier, il avait un laissez-passer, mais il pouvait rencontrer des Allemands et, avec les fausses cartes en poche, il risquait gros. Nous faisions nos sept ou huit cartes à la lueur d'une bougie, oui, pour ne pas être repérés...

– Vous preniez de vraies cartes sur lesquelles vous inscriviez de faux noms et de vraies photos ?

– Oui. J'avais fauché un tampon au commissariat. Un jour, je suis arrivé vers midi : deux hommes manquaient et le planton[1] voulait casser la croûte... Je lui ai dit d'y aller. Il n'y avait donc personne – mais, sur le bureau du commissaire, deux cachets[2]... Je les ai pris et je suis retourné chez moi. Je ne voulais pas les conserver dans ma poche. Le lendemain, le commissaire a rouspété ; il y a eu une enquête – sans résultat...

– N'avez-vous pas eu peur ?

– Oh si, une fois : quand ils ont arrêté Édouard Vigneron. Il faut dire que les Allemands étaient furieux que la rafle de Nancy n'ait rien donné ! Pour sa défense, Édouard Vigneron a fait remarquer qu'avec toute la publicité donnée deux jours

1. **Le planton** : le policier de garde.
2. **Cachets** : tampons officiels.

plus tôt à la rafle de Paris il était clair que les Juifs de Nancy avaient dû se méfier et déguerpir[1]. Faute de preuves contre lui, les Allemands ont fini par le relâcher. Pour les fausses cartes d'identité, j'avais une cache : le clapier[2], derrière les lapins... »

À la suite de Charles Bouy et de Pierre Marie, nous nous dirigeons vers la cour de la maison, où se trouve le fameux clapier. Charles Bouy se penche, ouvre la porte et me montre, dans l'une des cages du bas, la cachette où il mettait les fausses cartes d'identité à l'abri des éventuelles descentes des Allemands :

« Je cachais les papiers ici, le soir, entre onze heures et minuit, quand nous avions terminé », dit-il avec malice et bonhomie.

Un autre rescapé juif de cette aventure nancéienne[3], Henri Krischer, se souvient :

« Je rentre à Nancy, de retour de Strasbourg, le 18 juillet 1942, vers midi. Et quel n'est pas mon étonnement quand, arrivant à la gare avec mon jeune frère que j'avais emmené avec moi pour la première fois, je suis accosté par deux messieurs qui me déclinent[4] leur qualité d'inspecteurs et qui me disent : "Écoutez, monsieur Krischer, la Gestapo est venue chercher vos parents et vous. On a pu les prévenir et ils ont réussi à se cacher dans un endroit que nous connaissons : nous vous y conduisons." Et ils nous emmènent chez les amis qui hébergeaient mes parents, M. et Mme Mouton, qui tenaient à l'épo-

1. **Déguerpir :** partir au plus vite.
2. **Le clapier :** la cabane à lapins.
3. **Nancéienne :** adjectif formé sur le nom de la ville de Nancy.
4. **Déclinent :** présentent.

que une boucherie chevaline[1] (aussi drôle que ça semble !) dans le quartier populaire de la rue Saint-Nicolas à Nancy. Escorté, donc, par ces agents, j'arrive chez les Mouton, très heureux de revoir mes parents, et les inspecteurs me font savoir que dans les deux jours qui suivent ils reviendront, qu'ils nous accompagneront eux-mêmes à la gare et qu'ils nous embarqueront dans le train de Dijon. Ils me demandent des photos pour me faire une carte d'identité française normale, sans la mention « Juif ». Je dois dire qu'à l'époque j'étais étranger, de nationalité indéterminée... Et ça s'est en effet passé ainsi. Très rapidement, ma mère m'a préparé, a lavé le linge que je ramenais, et, deux jours après, les mêmes inspecteurs sont venus, nous ont emmenés, mon frère et moi, à la gare de Nancy, nous ont acheté eux-mêmes les billets, ne nous laissant en aucune façon nous déplacer et nous gardant avec eux un petit peu comme si nous étions en état d'arrestation... Ils nous ont installés dans le train et, juste avant qu'il ne démarre, ils nous ont donné nos billets et nos fameuses cartes d'identité... Je dois vous dire une chose : cette carte d'identité m'a sauvé la vie, et, si je suis encore là, c'est que j'avais quelque chose de très important, de très précieux : cette vraie-fausse carte d'identité !

– Il en aura fallu du temps, soupire Régine Jacubert, pour reparler de cette histoire... »

Bientôt, il n'y aura plus personne, plus de souvenirs. Il ne servira plus à rien de passer une annonce dans un journal, de faire appel aux témoins. Le seul témoignage sera celui que les

1. **Une boucherie chevaline :** une boucherie qui vend de la viande de cheval.

nations auront retenu et qui se trouvera inscrit dans le grand livre des malheurs du monde. Or, parmi ceux qui viendront après nous, qui aura l'envie ou le courage de s'aventurer dans un tel livre ? Entre le goulag[1] et Hiroshima[2], Staline[3] et Pol Pot[4], qui trouvera opportun[5] de consacrer plus d'une cinquantaine de pages à Auschwitz ? Personne – sauf, peut-être, les Juifs.

Je cours, dès mon retour de Nancy, chez Lucienne Guyollot, la sauveteuse de Pierre Saragoussi. Mais, voilà, j'arrive en retard : elle est à l'hôpital, et les médecins me déconseillent de l'interroger. Reste Gisèle Caron, la fille d'Élise, la voisine des Saragoussi.

À l'époque de l'arrestation de la famille Saragoussi, en 1942, Gisèle Caron était une jeune fille de dix-huit ans. Elle se souvient donc très bien des faits. Au 11 de la rue des Islettes, les Saragoussi habitaient l'étage situé juste en dessous du leur. Ils entretenaient des rapports de bon voisinage, d'excellents rapports, même. Gisèle Caron, visage grave sous une chevelure de boucles blanches, se souvient avec mélancolie de cette période :

1. **Le goulag :** camps de travail forcé en URSS, instaurés en 1930.
2. **Hiroshima :** ville japonaise détruite par une bombe atomique américaine, la première de l'histoire, le 6 août 1945.
3. **Staline :** homme politique soviétique (1879-1953) ; il fut le chef incontesté du Parti communiste et le maître absolu et redouté de l'Union soviétique, de 1929 à sa mort.
4. **Pol Pot :** chef de l'organisation communiste des Khmers rouges, Pol Pot (1928-1998) dirigea le Kampuchea démocratique (le Cambodge actuel) de 1975 à 1979. Il exerça un pouvoir sanguinaire et est, à ce titre, responsable de plus d'un million et demi de morts.
5. **Opportun :** utile.

« Nous savions qu'ils étaient juifs, bien sûr ! C'étaient de très braves gens, très gentils, une famille qui s'aimait. M. Saragoussi, le père des enfants, partait chaque jour travailler boulevard Barbès[1], dans un magasin de tissus. Il n'avait aucun problème avec personne, et il nous réservait toujours un mot agréable quand nous nous rencontrions. Lorsque les policiers français sont venus les chercher, on n'y croyait pas : il y avait déjà eu la rafle de juillet 1942, celle du Vél'd'Hiv, et nos voisins n'avaient pas été inquiétés. Alors, on pensait que le problème était réglé… On a entendu crier, pleurer, et ma mère est descendue. Elle m'a d'ailleurs interdit de la suivre. Elle a tempêté, elle a protesté, mais les policiers l'ont renvoyée chez nous en larmes et ont emmené toute la famille Saragoussi, avec les deux enfants. Ensuite, vous connaissez l'histoire, avec ce policier revenant à l'aube, et ma mère repartant avec lui au commissariat récupérer le petit Pierre et sa grande sœur Eddie… Lorsque ma tante, Lucienne Guyollot, les a emmenés à Appoigny, ça faisait trois jours qu'Eddie n'arrêtait pas de pleurer en silence dans notre appartement ; elle pleurait doucement, là, sans arrêt. C'était pitoyable. Pierre était plus petit ; il criait, il gémissait. Par bonheur, ma tante Lucienne, à Appoigny, a fait le maximum pour eux ensuite. En fait, elle les a élevés.

– Votre mère et vous, pourquoi avez-vous décidé de recueillir ces enfants quand le policier est revenu ?

– Vous savez, j'ai toujours dans les oreilles les cris de cette maman déchirée, de cette famille ! Ce n'était pas

1. **Boulevard Barbès :** nom d'un boulevard de Paris, dans le XVIIIe arrondissement. Révolutionnaire français, Armand Barbès (1809-1870) joua un rôle important dans l'insurrection de 1839 et les journées de 1848 et fut plusieurs fois emprisonné.

notre famille, mais, enfin, ces enfants qui nous étaient offerts, comment les laisser aller eux aussi à la mort ? Ma mère avait quarante-deux ans à l'époque, et elle pensait les mêmes choses que je vous dis là aujourd'hui. Il fallait les sauver, quoi ! C'était un acte naturel parce que, je le crois, c'est une question de cœur. Si une telle situation se présentait à moi de nouveau, de la même façon, je crois que je referais ce qu'a fait ma mère : sans hésiter.

– Avez-vous eu peur ?

– Oui, j'ai eu peur. J'ai eu très peur. Surtout quand cet agent est revenu le matin, très tôt, vers cinq heures du matin. Je me suis dit : « C'est fini ! » J'ai dit à ma mère : « Ça y est, ça y est ! On vient t'emmener parce que tu les as aidés tout à l'heure, quand ils sont venus les arrêter ! On vient t'emmener !... » On a entrouvert la porte, pas très rassurées. Et puis c'était cette hirondelle, vous savez : le surnom des agents de l'époque, parce qu'ils portaient une cape. Il était là, avec son vélo, et il a dit à ma mère : « M. Saragoussi m'a laissé entendre que vous voudriez prendre les enfants. Si vous voulez bien me suivre... » Je n'avais pas confiance. J'ai laissé ma mère partir avec ce policier en me disant : « Est-ce vrai ? Est-ce que ce n'est pas un piège ? » J'ai attendu, morte d'angoisse. Et puis, passé six heures du matin, ma mère est revenue avec les deux petits... Ensuite, je me souviens, nous sommes descendues dans l'appartement de leurs parents pour récupérer les affaires des enfants, leurs vêtements, avant que la police ne vienne mettre les scellés[1] : c'était une vraie désolation de voir ce qui restait de l'appartement. On a senti... *on a senti que la vie s'arrêtait là.*

1. **Les scellés :** cachets de cire interdisant l'ouverture d'une porte.

– Aujourd'hui, cinquante ans après, vous racontez cette histoire où l'on voit que, d'une part, des policiers français ont arrêté toute une famille et que, d'autre part, l'un de ces policiers est revenu vous rapporter les enfants de cette famille : comment voyez-vous les uns et les autres ?

– Il y avait une division qui était terrible. On était entourés de tant de Français à la solde[1] de l'Allemagne ! On ne savait même plus si on devait faire confiance à qui que ce soit. C'est pour ça que, lorsque j'ai vu ma mère partir avec cet agent, je me suis dit : "Ce n'est pas possible, ce n'est pas vrai, cette histoire : elle ne va jamais revenir !" Mais l'agent n'avait pas menti. Elle est revenue. J'ai compris qu'il y avait quand même des gens de cœur. Des gens qui devaient eux-mêmes être parents, avoir des enfants, qui ont dû voir leur détresse... C'est une période de la vie qu'on ne peut pas oublier ! »

Léa Radacz non plus ne peut pas oublier ces rafles des 16 et 17 juillet 1942, désignées sous le nom de code administratif de « vent printanier », organisées et exécutées par la police française, qui, en déployant environ neuf cents équipes, a arrêté ces jours-là 12 884 Juifs, dont 4 051 enfants.

Visage ovale, cheveux coupés court, souci de rattraper au plus précis les souvenirs de l'époque : Léa Radacz, à la suite de mes questions, évoque cette période :

« Pendant l'Occupation, dit-elle, nous nous sommes re-

1. **À la solde de l'Allemagne :** payé par l'Allemagne.

trouvés dans ce village de Lozère : Le Malzieu-Ville, près de Mende. C'était en 1942, après la rafle du 16 juillet 1942 à Paris, où nous habitions. J'avais quatorze ans. Mes parents avaient des connaissances, des amis là-bas, du côté de Saint-Chély-d'Apcher.

– Combien étiez-vous ?

– Nous étions à peu près une centaine de Juifs.

– Sur combien d'habitants ?

– Sur neuf cents, en comptant les petits hameaux autour du Malzieu – petits hameaux où nous allions d'ailleurs nous ravitailler.

– Et personne ne vous a dénoncés ?

– Non. Tout le village a participé.

– Outre les frais de logement, avez-vous remis de l'argent aux familles qui vous hébergeaient ?

– Non, non. Nous n'avons jamais essayé de les soudoyer[1].

– Cent Juifs dans un village de neuf cents habitants ne pouvaient pourtant guère passer inaperçus !

– C'est vrai. Il a fallu la solidarité de tous, une solidarité sans la moindre faille ! D'ailleurs, vous savez, quand nous sommes revenus après la guerre, nous avons été reçus au Malzieu comme des gens du pays, comme des membres de la famille… »

C'est un concert de clochettes qui m'accueille aux abords du village. Sur cette route de campagne étroite et sinueuse, bordée de murets de vieille pierre moussue qui semblent soutenir les prés et les bois, la voiture doit soudain rengainer[2] toute prétention à rouler davantage : il faut stopper pour que

1. **Soudoyer :** acheter, corrompre par de l'argent.

2. **Rengainer :** renoncer à.

passent les moutons. Ils sont plusieurs centaines, agglutinés, bêlant, se bousculant un peu, qui occupent tout le passage, harcelés par les chiens et guidés par un jeune homme peu pressé. Lorsque enfin tout le troupeau disparaît, je découvre que nous sommes pratiquement arrivés. Un panneau indicateur pointe une flèche et un nom : Le Malzieu. Je franchis la porte principale de l'enceinte de la vieille ville, d'aspect médiéval. Sur la traditionnelle place centrale, une non moins traditionnelle fontaine laisse couler une eau claire. Sous un haut porche, la vitrine d'un magasin de chaussures : c'est là que je vais. M. René Raoul, cordonnier au Malzieu, m'attend.

Le visage long, un haut front dégarni qu'encadrent des cheveux blancs, il me reçoit avec gentillesse. Sa parole, que rehausse le léger accent local, dévoile sa bonhomie. René Raoul est catholique – de ces catholiques pour lesquels sauver des Juifs constituait une évidente nécessité dans cette période dominée par la haine.

« À partir de quand, lui demandé-je, les premiers Juifs sont-ils arrivés ici ?

– Difficile à dire. D'abord est arrivé un certain M. Kuper. Je ne me souviens plus d'où il venait. Il était très âgé. C'était avant que nous ne soyons occupés par les Allemands, ici, en zone Sud[1]. M. Kuper habitait sur la route du Puy ; il a, hélas, été pris et déporté. Il n'est pas revenu… C'est ensuite que les autres Juifs sont arrivés au Malzieu. Les Polonais étaient les plus nombreux. Parmi eux, il y avait les familles Radacz,

1. **C'était avant que nous ne soyons occupés par les Allemands, ici, en zone Sud :** de juin 1940 à novembre 1942, la zone située au « sud » de la Loire ne fut pas occupée par les Allemands. Cette zone Sud était aussi appelée « zone libre ».

Bromberg, etc. Il y avait un Hongrois et un Hollandais qui était diamantaire[1]. Il y avait aussi d'autres familles, mais je me souviens mieux, ça va de soi, des gens dont je m'occupais.

– Qui étaient-ils ?

– La famille Radacz, bien sûr. Mon père les logeait dans la villa que ma sœur occupe aujourd'hui. Les Juifs aimaient bien s'y réunir, ils étaient très liés entre eux : ils y ont passé des soirées et des soirées ! J'y allais souvent car notre jardin, où nous élevions des lapins, était attenant à la villa. En fait, j'y étais presque tous les jours. De là, on pouvait tout surveiller, et voir venir. Il y avait un petit chemin qui conduisait à la maison, et par l'arrière on pouvait fuir au plus vite s'il le fallait... C'est d'ailleurs de là qu'ils sont partis, nos amis juifs, quand les Allemands les ont traqués !

– Tout cela était bien dangereux !

– Oui, mais nous n'y pensions pas. Ils sont partis quand c'est devenu très sérieux. Un jour, Mme Radacz, la mère de Léa, est arrivée ici au comble de l'affolement. Elle nous a dit que les Allemands avaient fait une rafle au Malzieu, que tous les Juifs s'étaient sauvés et qu'elle-même avait fui comme elle avait pu. Elle venait me dire où elle allait se cacher avec les siens ; elle me demandait, pour les jours à venir, de lui porter des nouvelles. Ce que j'ai fait bien volontiers. Ils étaient partis se cacher au Vilard, un vieux manoir à trois kilomètres d'ici. Les Bromberg et d'autres familles s'y trouvaient aussi. Mais ils ne sont pas restés longtemps car la situation s'aggravait. Ils ont quitté le pays. M. Radacz est d'ailleurs passé voir mon père avant de partir pour lui demander de garder toutes les affaires qu'il ne pouvait pas emporter, et, pour le cas

1. **Diamantaire :** personne qui taille des diamants.

où il ne reviendrait pas, il lui en faisait cadeau. Nous avons cependant eu le bonheur de les voir revenir, lui et toute sa famille, à la fin de la guerre ! »

Je reviens sur la question des risques pris, du danger encouru :

« Avez-vous eu peur, pendant toute cette période ? »

René Raoul répond avec une grande douceur :

« Dans ces moments-là, vous savez, on pense aux autres et on s'oublie soi-même : je crois que c'est pour ça qu'on n'a pas peur. »

Je suis donc impatient de rendre visite aux autres Justes de ce village fortifié. Jacqueline et Marc Monod me reçoivent avec chaleur et gentillesse, et tous deux se relaient, en vieux complices, dans la conversation. Assis dans de larges fauteuils, ils présentent l'image d'un couple uni et complice. L'évocation à laquelle nous nous livrons les unit davantage encore, semble-t-il, puisqu'elle les renvoie à la période de leur jeunesse en même temps qu'à la guerre. Jacqueline Monod joue de la main droite avec les grosses perles de son collier. Marc Monod, chauve, porte une fine moustache grise et offre un visage anguleux, à l'expression volontaire. Ses yeux pétillent derrière ses lunettes. Je sens à quel point ce couple de protestants, aujourd'hui comme à l'époque, est inentamable[1] dans sa volonté de rectitude[2], de justice.

1. **Inentamable :** inébranlable ; que rien ne peut entamer.
2. **Rectitude :** droiture, intégrité.

« Mon père avait appris par un ami de Mende[1] que le médecin du Malzieu, devenu veuf, voulait quitter le pays. Il y avait donc une possibilité pour un jeune médecin de s'installer. Je suis venu voir. C'était en février 1942. Je suis arrivé en pleine tempête de neige. C'était sinistre... et ça m'a emballé ! Voilà. »

Marc et Jacqueline Monod éclatent de rire.

« Est-ce que vous connaissiez les lois d'exception de Pétain[2] ?

– Oui, bien sûr. Tout le monde était au courant.

– Et comment avez-vous réagi, à l'époque ?

– Avec indignation, avec horreur ! Mais comment réagir autrement ?

– Y avait-il déjà des Juifs, beaucoup de familles juives réfugiées dans le pays ?

– Une bonne partie était déjà là. Mais j'ai su très vite ce qu'il se passait. En fait, un premier couple juif était arrivé, avait trouvé l'endroit très agréable, avec une population très accueillante et des possibilités d'approvisionnement, d'alimentation, comme il n'y en avait plus dans les villes. Ils se sont installés, et le bouche-à-oreille a fait le reste. Beaucoup de leurs amis, et des amis de leurs amis, en provenance de Hollande, de Belgique, sont peu à peu venus habiter Le Malzieu.

– Ces nouveaux et nombreux arrivants ne risquaient-ils pas, un jour ou l'autre, d'être repérés ou dénoncés ?

– On pouvait le redouter. Un jour, ces Juifs auraient des

1. **Mende :** préfecture du département de la Lozère.

2. **Les lois d'exception de Pétain :** il s'agit notamment de la loi du 4 octobre 1940 qui privait les Juifs de tous leurs droits et qui autorisait leur internement dans des camps spéciaux sur décision du préfet du département de leur résidence.

ennuis. C'était prévisible. Il y en avait jusque sous les voûtes de l'église, qui étaient cachés là grâce au curé. M. Béraud !... C'est en pensant aux risques de dénonciation que nous avons pris langue[1] avec le pasteur Gourdon : afin de pouvoir les prévenir et les protéger. Il était préoccupé, comme nous, des menaces qui pesaient sur eux, et avait ses entrées à la préfecture, à Mende. Il savait ce qu'il se passait ou allait se passer. Et nous étions au courant des rafles qui avaient déjà eu lieu dans les Cévennes. Il devait nous avertir de toute nouvelle inquiétante, et surtout d'une éventuelle rafle. Ce qu'il a d'ailleurs fait quand il l'a fallu... De notre côté, nous sommes entrés dans la Résistance, ma femme et moi, à la fin de 1942, par l'entremise de Gilbert de Chambrun, le responsable régional de la Résistance en Lozère.

– Est-ce le fait d'être dans la Résistance qui vous a conduits à aider des Juifs, ou est-ce par conviction personnelle ?

– Ah non, pas du tout ! C'est par conviction personnelle, aussi bien ma femme que moi. Nous sommes protestants, et la tradition protestante, en France, est aussi peu antijuive que possible. Et je suis d'une famille qui était dreyfusarde[2]. Il y a une espèce de tradition projuive[3], dans ma famille, qui ne se discute pas, qui va de soi. Même si auparavant nous avions été antisémites, ce qui n'était pas le cas chez nous, le sort qui était fait aux Juifs nous aurait imposé d'être *prosémites*[4] et de les aider au maximum. Il ne s'agissait pas d'amour, mais... Comment

1. **Nous avons pris langue :** nous avons pris contact.
2. **Dreyfusarde :** convaincue de l'innocence d'Alfred Dreyfus (1859-1935), un Juif accusé à tort d'espionnage. L'« Affaire Dreyfus » fut le plus grand scandale judiciaire et politique de la fin du XIXe siècle.
3. **Projuive :** soutenant les Juifs.
4. **Prosémites :** favorables aux Juifs.

vous dire ? Ces Juifs étaient martyrisés, pourchassés : il fallait leur éviter d'être pris... En fait, ça n'avait aucun lien avec la Résistance, c'était un engagement à nous, inévitable...

– Mais n'était-ce pas multiplier les risques par deux que d'être en même temps engagé dans la Résistance et dans une action de soutien aux Juifs ?

– À l'époque, je n'ai même pas réfléchi à ça ! C'est possible, oui, c'est possible que le risque ait été multiplié par deux. Mais vous savez, on a retrouvé, après la guerre, un paquet de lettres de dénonciation contre ma femme et moi dans les dossiers de la police judiciaire, à Mende ! Au moins une par semaine... En fait, ce qui nous a protégés de la Gestapo, c'est qu'elle n'aimait pas trop s'aventurer loin de ses bases, dans des coins retirés comme ici. Depuis le décret du STO[1] du 2 février 1943 sur le travail obligatoire en Allemagne, beaucoup de jeunes avaient pris le large. Dans la région, nous avions créé une multitude de maquis[2] armés et donc dangereux pour une voiture de la Gestapo qui se serait risquée dans le secteur...

– Est-ce que vous saviez, monsieur et madame Monod, qu'il y avait d'autres gens qui aidaient les Juifs, ici, pendant la guerre ? Comme M. René Raoul, par exemple ? Lorsque j'ai parlé avec lui, hier, il m'a donné l'impression qu'il agissait tout seul dans son coin, sans rien dire... »

Le couple s'exclame de concert[3] :

« Mais c'est ça ! C'est tout à fait ça ! On était très discrets, les uns et les autres... »

Je leur parle de René Raoul, de son soutien à la famille

1. **STO :** sigle pour « Service du travail obligatoire », institué en 1942 et obligeant les travailleurs français à aller travailler en Allemagne.

2. **Maquis :** voir la note 4, p. 93.

3. **De concert :** ensemble, en même temps.

Radacz, à la famille Bromberg. Marc Monod m'écoute, un bon sourire aux lèvres.

« Et dire que je ne savais pas moi-même, jusqu'à maintenant, que René Raoul avait été aussi actif !

– C'est extraordinaire, parce que vous vous connaissez bien : vous étiez son médecin, vous vous rencontriez souvent... et vous ignoriez, chacun de vous, que l'autre... ?

– Oui ! C'était très important ! L'organisation de tout cela devait rester cloisonnée pour courir le moins de risques possible. Je crois que ce cloisonnement était même assez remarquable.

– Qui y avait-il d'autre, au Malzieu, que vous connaissez pour avoir aidé des Juifs ?

– Il y avait M. Souchon, l'instituteur. Il y avait les Pagès, l'hôtelier Pagès qui les a beaucoup aidés, qui les a reçus chez lui...

– Comment se déroulait cette aide aux Juifs venus se réfugier au Malzieu ?

– Ils étaient une centaine environ, répartis dans tout le canton, au Malzieu et autour, dispersés dans les fermes et les hameaux du Malzieu.

– Pour combien d'habitants ? Huit cents, neuf cents ?

– Oui.

– Mais ils représentaient plus de dix pour cent de la population ! Le seuil de tolérance n'était-il pas dépassé ?... »

Jacqueline et Marc Monod rient.

« Au Malzieu, la population les a aidés, seuil de tolérance ou pas !

– Quels étaient vos rapports avec eux ?

– D'abord, comme médecin, je les soignais gratis[1], parce que je savais que leurs ressources étaient limitées. En fait, ils vivaient, ils survivaient très pauvrement. Mais tout se passait plutôt bien, dans une bonne ambiance, jusqu'à la rafle de 1943.

– Le pasteur Gourdon n'avait-il pas ses entrées à la préfecture ? Ne vous avait-il pas prévenus de l'imminence[2] de la rafle ?

– Si. Auparavant, il nous avait donné cette consigne : « Si je vous télégraphie que *le paquet est arrivé*, cela signifiera qu'il y aura une rafle. Vous pourrez prévenir les Juifs et les cacher. » C'est ce qui s'est passé : nous avons reçu ce télégramme. Mais le père Gourdon a été obligé d'en envoyer plusieurs, à huit endroits différents. La censure[3] s'est méfiée, et la rafle a été remise au surlendemain. Les Juifs du Malzieu, qui s'étaient cachés, ont voulu revenir au village, voyant que rien ne se produisait. Et la rafle est arrivée à ce moment-là... »

Jacqueline Monod intervient :

« Ça aurait pu être dramatique si cette rafle avait eu lieu deux jours plus tard, parce que, ce jour-là, n'est-ce pas, les policiers – des Français, des policiers français ! – n'ont guère pu trouver que deux ou trois personnes.

– Deux, et ils ont pu s'échapper ! précise son mari, qui lui demande de raconter cette histoire à laquelle ils ont tous les deux participé.

– L'un de ces deux Juifs, alors qu'il se trouvait au village,

1. **Gratis :** gratuitement.
2. **L'imminence :** l'arrivée très proche d'un événement.
3. **La censure :** tout ce qui contrôle, vérifie et interdit ; ici, il s'agit de l'organisme qui vérifiait le contenu du courrier et des télégrammes, et donc autorisait ou interdisait son envoi.

a appris que la police était à deux pas et venait l'arrêter. Il s'est aussitôt mis au lit et nous a fait venir, mon mari et moi, pour qu'on lui fasse un certificat de maladie le déclarant intransportable. Toutes les femmes de l'immeuble, ainsi que les voisines, étaient là. Elles montaient la garde autour du lit. Un jeune gendarme surveillait la chambre. Sur un signal, les femmes ont bondi toutes griffes dehors sur le gendarme, et le Juif s'est éclipsé, il s'est échappé à toute allure alors que mon mari était en train de rédiger ce certificat le déclarant intransportable ! »

Le couple Monod rit de bon cœur à l'évocation de cette scène, même si ses prolongements n'allèrent pas sans inquiétude.

« Notre fugitif s'est bien caché. La police l'a cherché partout sans jamais le trouver... Mais ça nous a valu pas mal d'ennuis, des menaces, des sous-entendus au téléphone. Et par exemple, peu après, mon mari a reçu un coup de fil en provenance de Marvejols[1], où un type furieux le sommait de s'expliquer sur les faits, sur cet impotent[2] qui courait si vite !...

– Ce qui était bizarre, reprend Marc Monod, c'est que j'avais l'impression que mon correspondant téléphonique se forçait à paraître furieux...

– Aviez-vous peur ? »

Jacqueline Monod laisse fuser une exclamation. Oui, elle avait peur. Son mari hésite :

« Peur ? Ma femme avait peur. Moi... j'étais si occupé que je n'avais pas le temps d'avoir peur ! C'était ce que je me disais... Mais enfin, oui, nous avions peur. À la maison, nous

1. **Marvejols :** ville de Lozère.
2. **Impotent :** handicapé, invalide.

avions ménagé un petit pertuis[1] pour pouvoir nous échapper par les combles[2], au cas où…

– Un soir, se souvient Mme Monod, on a téléphoné à mon mari de ne pas dormir chez nous parce qu'il y avait eu des arrestations à Marvejols. Mon mari était fatigué, il avait de la température et un furoncle[3] qui le faisait beaucoup souffrir. Nous sommes allés trouver des amis – des gens qui sont toujours nos amis et que nous aimons beaucoup – pour leur demander si mon mari pouvait dormir chez eux. Ils n'ont pas osé refuser, bien sûr, mais avec une telle gêne, une telle réserve, que nous n'avons pas voulu leur imposer ça. Mon mari a dit : "Tant pis ! Advienne que pourra, je coucherai chez nous !" »

Marc Monod regarde parler sa femme avec tendresse, un léger sourire aux lèvres.

« Ce soir-là, nous étions comme les Juifs. On s'est sentis abandonnés, on n'avait personne d'autre… Ah, si nous avions peur, je dois dire qu'autour de nous on avait *très* peur ! »

Un rire sans ressentiment[4], un rire tranquille, vient ponctuer cette dernière observation. Je ne vais pas tarder à m'apercevoir que mes interlocuteurs ne cultivent pas davantage le regret.

« Cinquante ans après, comment voyez-vous cette période de votre vie ?

– Cinquante ans après ? Comme les plus belles, comme les plus passionnantes années de notre existence ! s'exclame Marc Monod.

1. **Un petit pertuis :** une petite ouverture.
2. **Par les combles :** par le toit.
3. **Un furoncle :** une infection de la peau qui prend la forme d'un bouton gros et douloureux.
4. **Sans ressentiment :** sans rancœur.

– Si c'était à refaire, vous le referiez ? Vous reprendriez ces risques ?

– Ah oui ! Oui, bien sûr ! Vous savez, nous n'avons pas été résistants dès la défaite, dès 1940, pour la bonne raison que la Résistance n'existait pas encore. Mais, du point de vue moral, nous étions résistants depuis l'armistice[1]. La Collaboration[2], Pétain : ça nous révulsait, nous étions contre, absolument contre ! »

Je quitte Le Malzieu-Ville avec des sentiments proches de ceux que j'éprouverai au Chambon-sur-Lignon[3] où, là aussi, une population a pris tous les risques pour assumer, sans la moindre défaillance, une décision clé : accueillir, protéger, aider, sauver ceux que le nazisme menaçait d'extermination. Dans ces villages français, au contraire, on a tout fait pour qu'ils vivent. Ce type de pacte collectif silencieux, que nul ne vient trahir, me remplit d'admiration et me laisse également aux prises, je dois l'avouer, avec une certaine amertume. Pourquoi ce qui fut possible là ne pouvait-il l'être ailleurs, partout ? Les mêmes dispositions[4] au Bien existaient, on peut en être sûr, dans d'autres villages, dans d'autres bourgades – mais davantage brimées, sans doute, par les forces de la barbarie. Il est vrai que les situations géographiques propres

1. **Nous étions résistants depuis l'armistice :** devenu président du Conseil (chef du gouvernement), le maréchal Pétain demande officiellement le 17 juin 1940 l'armistice, c'est-à-dire la fin des combats, et donc de la guerre.
2. **La Collaboration :** il s'agit de la coopération du gouvernement de Vichy avec l'Allemagne nazie.
3. **Chambon-sur-Lignon :** village situé dans le département de la Haute-Loire.
4. **Dispositions :** tendances, penchants.

au Chambon et au Malzieu, très retirés dans leurs lointains, ont favorisé une action qui n'en demeurait pas moins des plus risquées. Ce que j'ai vu aussi, c'est cette disposition œcuménique[1] des religieux, catholiques et protestants, engagés dans ces filières d'aide aux Juifs – avec, du côté protestant, un penchant net à s'identifier au peuple de l'Ancien Testament[2], perçu comme frère aîné en Dieu aussi bien – souvenir des persécutions antiprotestantes[3] aidant – que comme frère d'infortune. Ces solidarités se sont constituées d'elles-mêmes, mais nous verrons qu'elles étaient renforcées, ravivées par l'action d'hommes exemplaires. Alors que se serait-il passé si, à travers toute l'Europe, dans tous les temples, dans toutes les églises, il y avait eu, chaque semaine, chaque jour, un engagement comparable de la part des curés, des pasteurs, des dignitaires[4] religieux de toutes confessions ?

Niché à mille mètres d'altitude à la limite du Velay et du Vivarais, sur le flanc oriental de l'Auvergne, Le Chambon-sur-Lignon est un modeste village de Haute-Loire. Distant

1. **Œcuménique :** universelle.
2. **Ancien Testament :** partie la plus ancienne de la Bible, qui relate l'histoire du peuple juif.
3. **Persécutions antiprotestantes :** en France, elles eurent lieu sous le règne de Louis XIV, après la révocation (l'annulation) de l'édit de Nantes (1685) ; l'édit de Nantes, signé à Nantes le 13 avril 1598 par Henri IV, avait mis fin aux guerres de Religion et accordé la liberté de culte aux protestants.
4. **Dignitaires :** personnages haut placés, disposant d'une autorité morale ou politique.

d'une cinquantaine de kilomètres de Saint-Étienne, non loin de la ville du Puy, Le Chambon est typique de cette région des monts du Velay qui ouvre sur les hauts plateaux surplombant la vallée du Rhône à l'est et plongeant, par les Cévennes au sud, sur le versant méditerranéen de la France. Depuis le massif qui domine le village, et qu'ici tout le monde appelle le *Plateau*, on bénéficie par temps clair d'une vue imprenable sur les Alpes et le Mont-Blanc aussi bien que sur l'Ardèche et le Gerbier-de-Jonc, au pied duquel la Loire prend sa source, ainsi que tout écolier français est censé le savoir. Nous verrons que ce fameux Plateau a été, au fil des siècles, le théâtre de nombre d'actions témoignant d'une tradition régionale d'accueil et d'hospitalité accordés ici aux pourchassés[1] de toutes origines. Le Lizieux, un ancien volcan aux formes adoucies et usées par l'érosion, s'arrondit au sommet du Plateau : c'est le mont, le *suc*[2] le plus proche du village.

Pourquoi, dans ma quête des Justes, ce voyage et cette halte au Chambon-sur-Lignon, bourgade du bout du monde qui, à première vue, pourrait sembler inaccessible aux tribulations[3] de l'Histoire ?

Eh bien, justement parce que l'Histoire n'a cessé d'y passer, d'y faire halte, d'y laisser des traces profondes – non sous forme de claironnants faits d'armes, mais d'une manière discrète, silencieuse. Ici, les guerres et les persécutions ont rencontré et créé leur antidote[4] : la solidarité collective d'une communauté entière à l'égard d'une autre, pourchassée dans toute l'Europe.

---

1. **Pourchassés :** personnes traquées, poursuivies.
2. **Le *suc* :** le mont dans la langue régionale.
3. **Tribulations :** aventures ou événements plus ou moins douloureux.
4. **Leur antidote :** leur remède, leur contrepoison.

Avec le Chambon-sur-Lignon, me voici face à un peuple de Justes. Ce « peuple » du Chambon (quelques centaines d'âmes) s'est comporté d'une manière exemplaire en offrant accueil, hébergement, nourriture et protection à environ cinq mille Juifs durant la guerre. Dans une très large mesure, c'est en référence à sa tradition d'hospitalité qu'il a organisé et offert son aide. Encore faut-il bien comprendre que le nerf, que l'énergie profonde de cette tradition est en droite ligne issue du protestantisme. La région du Chambon et de son Plateau était en effet acquise à[1] la Réforme[2] depuis les débuts de celle-ci. Les Évangiles, ici, ne sont pas de vains mots. Tout le village a tenté de les mettre en œuvre, d'en appliquer les préceptes[3] relatifs à l'amour du prochain. Sans ostentation[4], sans la moindre parcelle d'orgueil. Il y a largement réussi.

« C'est une filière qui vient de loin ! me dit Gérard Bollon, le plus jeune des témoins directs qui ont vécu ici cette période de la guerre. L'histoire du Chambon pendant la guerre résulte de l'histoire générale de la commune, de la paroisse, dans les siècles qui ont précédé la Seconde Guerre mondiale. Nous sommes dans une région à très large majorité protestante depuis le XVIe siècle, avec des populations qui étaient elles-mêmes persécutées depuis l'édit de Nantes[5], qui ont connu l'humiliation d'être privées

1. **Acquise à :** rangée à la cause de, partisane.
2. **La Réforme :** le protestantisme.
3. **Préceptes :** principes moraux.
4. **Ostentation :** vanité, gloriole.
5. **Édit de Nantes :** en signant cet édit (cette loi) à Nantes le 13 avril 1598, Henri IV avait mis fin aux guerres de Religion et accordé la liberté de culte aux protestants.

d'état civil et de liberté religieuse. Lorsque la Seconde Guerre mondiale a éclaté et mis en évidence le problème d'une minorité religieuse persécutée, celle des Juifs, nous autres protestants avons bien entendu senti que ce peuple nous ressemblait, qu'il y avait d'évidents points communs entre les persécutions qu'ils subissaient et celles que nous avions dû affronter jadis. D'une certaine façon, on peut dire que ces similitudes de destins nous rendaient frères. En arrivant chez nous et en vivant avec nous, beaucoup de Juifs, tout en restant juifs, ont été sensibles à notre monde, à notre manière d'être : en quelque sorte, ils "devenaient protestants" en nous côtoyant, comme nous étions "devenus juifs" à considérer leurs malheurs... Et puis, le Plateau du Chambon avait, depuis des siècles, une véritable tradition d'accueil des réfugiés, des persécutés de toutes sortes : pendant la Révolution, c'étaient les prêtres catholiques réfractaires[1] qui se réfugiaient ici, cachés par nos pasteurs. À la fin du XIXe siècle, en raison de l'excellence de notre climat, des milliers d'enfants originaires des bassins miniers du Giers et de Saint-Étienne étaient envoyés chez nous pour raisons de santé, dans le cadre de l'Œuvre des enfants à la montagne, association créée par l'ancien pasteur Comte en 1893. En 1936, nous avons aussi reçu les réfugiés de la guerre d'Espagne[2]. À partir de 1939, les réfugiés antifascistes d'Europe centrale ont à leur tour trouvé refuge sur le

1. **Les prêtres catholiques réfractaires :** ils avaient refusé de prêter serment à la Constitution civile du clergé en 1790.
2. **La guerre d'Espagne :** commencée en 1936, la guerre civile espagnole qui opposa républicains et nationalistes s'acheva en 1939 par la victoire des nationalistes et du général Franco.

Plateau. Et puis, en 1942-1944, ce sont cette fois des Juifs, une large majorité de Juifs pourchassés, qui sont arrivés. Mais pensez-y : nous disposions d'une quantité de pensions ici même et dans les environs immédiats. Il y avait *Le Coteau Fleuri, La pension Beausoleil, La Joyeuse Nichée, L'Hôtel des Acacias, Chante Alouette, Bel Horizon*, etc.

– Des noms charmants pour faire face à une réalité historique qui ne l'était pas... Donc, c'est une communauté entière, ici, qui en a aidé une autre : les protestants se sont portés au secours des Juifs. On évoque sans cesse la figure exemplaire du pasteur Trocmé : ce mouvement de solidarité lui doit beaucoup, n'est-ce pas ?

– Ah, le pasteur Trocmé ! Un grand monsieur que cet homme-là ! Il est mort en 1971, mais il a profondément marqué les esprits. Lui et sa femme Magda ont été si clairvoyants, si entreprenants ! Cet accueil de toute une communauté a en effet été possible grâce à l'action du pasteur Trocmé et de ses amis. André Trocmé était le pasteur du Chambon-sur-Lignon depuis 1934, mais il était secondé par l'action des treize autres pasteurs des paroisses périphériques[1] de la nôtre. Tous, ils formaient ce qu'on appelait une "pastorale"[2], et leurs sermons, dans les temples, tournaient sans cesse autour du même thème : aidons ces persécutés ! L'impact de ces sermons était très puissant sur les habitants du Plateau, et la tradition locale d'accueil des pourchassés s'en est trouvée une fois de plus renforcée, ravivée.

– Y a-t-il eu des moments difficiles ?

1. **Périphériques :** environnantes.
2. **Une « pastorale » :** une communauté de pasteurs.

– On ne peut pas dire qu'ici il y ait eu des choses, des faits spectaculaires, de l'héroïsme. Non, il y avait une sorte de *méthode de l'accueil*, avec des messages codés d'un pasteur à l'autre, du genre : “Je t'envoie deux Anciens Testaments...”

– Mais tout cela, j'imagine, suppose une sérieuse organisation de cette communauté protestante. Parce que aider tous ces gens pendant la guerre, ça veut dire : cartes d'alimentation, faux papiers, capacité de nourrir ces populations en surnombre !... On estime que cinq mille Juifs ont été secourus, ici, au Chambon...

– On dit cinq mille : c'est un chiffre rond. Mais nous n'avons pas de statistiques, de recensement[1] précis. En fait, on peut penser qu'il y a eu entre trois mille et sept mille réfugiés recueillis sur le Plateau. Mais l'organisation, l'accueil structuré... Ce n'était pas si structuré que ça, mis à part, bien sûr, l'extrême rigueur, la parfaite conduite du pasteur Trocmé et de son épouse, ainsi, du reste, que l'action des treize pasteurs et de leurs femmes. Les pasteurs avaient une vision d'ensemble de ce qui se passait en Europe. Ils étaient au courant des persécutions subies par les Juifs depuis les débuts du règne de Hitler. Et ils ont su en informer leurs paroissiens[2], les préparer à accueillir des réfugiés : ils se doutaient que les Juifs devraient fuir. Dès 1938, ils avaient mis sur pied, en liaison avec des quakers[3] américains de Marseille, un système, une série de filières pourvues de moyens pécuniaires pour pouvoir accueillir du monde au Chambon. Le milieu s'y prêtait puisqu'il y avait

1. **Recensement :** dénombrement, inventaire.
2. **Paroissiens :** personnes qui dépendent d'une paroisse, c'est-à-dire l'ensemble des villages dans lesquels un pasteur exerce son ministère.
3. **Quakers :** protestants prêchant le pacifisme, la philanthropie et la simplicité des mœurs.

chez nous, dès avant-guerre, une multitude de pensions, de colonies pour enfants. Et puis, en 1938, avait été fondée – par le pasteur Trocmé, encore ! – l'École cévenole[1], qui avait de quoi héberger et instruire des jeunes. Enfin, une multitude d'institutions sont intervenues pour dire que, oui, le Plateau et le village du Chambon les intéressaient pour en faire des centre d'accueil, et qu'elles allaient soutenir cette entreprise charitable : il y a eu, parmi ces institutions, les quakers, bien sûr, mais aussi, par exemple, le Secours suisse, le Fonds social européen, le CIMADE (Comité intermouvements auprès des évacués), l'association juive OSE (Organisation de secours aux enfants). Tous ces groupes ont su favoriser l'action en faveur de l'hébergement d'enfants et d'adultes juifs chez nous, au Chambon et sur le Plateau.

– Tout de même, cette aide, ce sauvetage – ces sauvetages en série, auxquels toutes et tous, dans la région, auront participé –, ces prodiges[2] de dévouement et de risques pris ont un caractère exceptionnel !

– Oh, vous savez, les vieux du Plateau disent toujours : Il n'y a pas eu de héros. Ce que nous avons fait là était tout à fait normal. Il s'agissait d'obéir à Dieu plutôt qu'aux hommes. C'est un message des plus simples. Il y a d'ailleurs eu, en France, d'autres régions qui ont adopté une attitude similaire : les Cévennes, terre traditionnelle de refuge, ou Dieulefit dans la Drôme ; ce sont souvent des communautés protestantes. Le Chambon a été considéré comme un symbole de ces actions, certes, mais je ne pense pas que

1. **Cévenole :** adjectif qualificatif formé sur le nom des Cévennes, une chaîne montagneuse située dans le sud du Massif central.
2. **Ces prodiges :** ces merveilles.

les gens d'ici en aient tiré gloire. De leur point de vue, ce qu'ils ont fait était on ne peut plus normal... »

Marie Brottes a l'accent du pays, un long visage au nez aquilin[1], des cheveux blancs tirés en arrière par un chignon : une authentique femme de la terre cévenole. En dépit de son âge, sa mémoire ne la trahit pas, et sa vivacité d'esprit plaide pour[2] sa foi. Elle pense qu'elle n'a fait que respecter ce qui lui est apparu, à l'époque, comme « la volonté de Dieu ».

« Vous aviez trente-quatre ans en 1940. À quel moment avez-vous pris connaissance des persécutions contre les Juifs ?

– Dès le début de l'année 1940, dès qu'ils sont arrivés. Chez nous, par exemple, on nous a demandé d'héberger le docteur Motener, qui était autrichien, avec sa femme et leur petit garçon de cinq ans. On leur a trouvé un logement en haut du village. Ensuite, il a fallu les changer de place. Ils n'avaient rien. Il fallait donc leur porter un peu à manger, un peu de pain, de pommes de terre, de matières grasses – enfin, ce qu'on pouvait trouver avec nos tickets d'alimentation. Il fallait partager, n'est-ce pas ?

– Un Juif, c'était quoi, pour vous ?

– Eh bien, les Juifs, c'est... c'est le peuple de Dieu. Alors nous respectons cela. L'Ancien Testament est pour les Juifs[3], et le

1. **Nez aquilin :** nez busqué, en forme de bec d'aigle.
2. **Plaide pour :** témoigne en faveur de.
3. **L'Ancien Testament est pour les Juifs :** l'Ancien Testament constitue la première partie de la Bible et relate l'histoire du peuple juif.

Nouveau Testament est pour les nations[1]. Alors Jésus-Christ est venu pour sauver les nations et les Juifs aussi. Mais, quand Il est venu, il s'était déjà passé beaucoup de choses...

– Vous êtes protestante, madame Brottes ?

– Oui. Je suis de l'Église évangélique[2].

– Vous entretenez donc, en tant qu'évangéliste, un sentiment très particulier à l'égard des Juifs ?

– Oui, oui ! Enfin, tout de même, c'est la parole de Dieu ! Il a dit d'aimer son prochain... Alors ce prochain, ça peut être le Juif comme n'importe quel autre. Et il y avait tout ce que nous disaient le pasteur Trocmé et les autres pasteurs. Et puis, quand on voit des persécutés, vous savez... Tenez, avant, on avait reçu les Espagnols, les victimes de la guerre de Franco[3]. Ils n'étaient pas juifs ; simplement ils étaient persécutés, alors on les a reçus, voilà.

– Selon vous, il est passé combien de Juifs sur le haut plateau, ici, pendant la guerre ?

– C'est une question controversée[4]. Certains disent : trois mille. Je pense que c'est davantage. Beaucoup sont passés sans rester longtemps, et il en est passé tant ! De toute la guerre, ça n'a pas cessé. Des fois, il fallait les cacher pour une nuit, les emmener dans des granges à trois, quatre kilomètres d'ici, à minuit...

---

1. **Le Nouveau Testament est pour les nations :** le Nouveau Testament constitue la seconde partie de la Bible et relate la vie de Jésus-Christ dont l'enseignement s'adresse à toute l'humanité (toutes les nations réunies).
2. **L'Église évangélique :** une des nombreuses branches du protestantisme.
3. **La guerre de Franco :** la guerre civile espagnole (1936-1939) durant laquelle le général Franco se souleva contre la République espagnole.
4. **Controversée :** qui déclenche les débats, débattue.

– Et ça se passait comment ?

– Avec la plus grande discrétion ! Ma voisine, de l'autre côté du pont, ne savait pas ce qui se faisait au village. C'est vous dire qu'on n'était pas bavards !

– Racontez-moi le passage du secrétaire d'État de Pétain : que s'est-il passé ?

– Ah ! D'abord, il avait été question d'une visite de Pétain lui-même, mais il était allé au Puy sans passer par Le Chambon (ça ne nous avait d'ailleurs pas offusqués !...) et, peu après le pasteur Trocmé a reçu une lettre du préfet lui annonçant que, pour "compenser", nous aurions la visite de Georges Lamirand, son ministre de la Jeunesse.

– Comment a-t-il été reçu ? »

Mme Brottes prend son temps pour répondre. Elle savoure encore la situation de l'époque. Elle sourit et, même, elle pouffe de rire.

« Pour une réception, il a eu droit à une réception, le ministre ! Il n'a pas dû l'oublier de sitôt... C'était dans la matinée du 15 août. Ils sont arrivés, le préfet et lui, tous deux en grand uniforme avec leurs gens ; leurs voitures se sont garées sur la place où la municipalité devait les recevoir, et... Rien. Personne. Pas un drapeau dehors – alors qu'à l'époque, dans le délire[1] des gens de Vichy, on agitait du bleu-blanc-rouge à tout bout de champ... On les a aussitôt emmenés, sans la moindre cérémonie, sans qu'ils puissent y aller de leurs discours, au banquet prévu pour eux. Là aussi, pour le ministre et le préfet, grande déception : peu de monde – juste le conseil municipal, les pasteurs, le corps enseignant, quelques

1. **Délire :** confusion mentale, égarement.

notables[1] du pays –, mais pas une fleur, pas de décorations, pas d'effigie[2] du Maréchal[3]… et un repas des plus austères, uniquement composé des aliments accordés par les cartes de ravitaillement ! Une ambiance, comme vous voyez, plutôt glaciale ; ça n'avait rien de la franche cordialité ! Pour une réception, ah, ça a été une belle réception ! Ensuite, ils sont tous allés au temple, où le pasteur Trocmé a fait des siennes. D'abord, lui-même ainsi que son ami le pasteur Theis ont refusé d'y prendre la parole. C'est le pasteur Janet, un Suisse qui exerçait au Mazet, pas loin du Chambon, qui a fait le sermon. À la fin, Lamirand s'est permis de crier : "Vive Pétain !" Et Trocmé a dit : "Vive Jésus-Christ !" À ce moment-là, le pasteur Janet a proposé de chanter *La Cévenole*, et tout le monde, à gorge déployée, a chanté *La Cévenole*. C'est un chant magnifique, vous savez. Je pourrais vous le chanter aujourd'hui encore, et en entier… Avec ce chant, on lui a cloué le bec, au ministre ! Le comble pour lui, après ça, est venu avec la lettre des jeunes.

– Une lettre ?

– Oui, écrite par une dizaine d'élèves, les plus âgés, de notre École cévenole, qu'avait créée le pasteur Trocmé. Ils l'ont donnée à Lamirand et au préfet, en leur enjoignant de la lire sur-le-champ, devant eux. Dans cette lettre, ils se déclaraient horrifiés par la rafle du Vél'd'Hiv, à Paris. Ils soutenaient qu'il était contraire à l'enseignement des Évangiles de faire des distinctions entre Juifs et non-Juifs, et ils annonçaient qu'au cas où des persécutions antisémites auraient lieu

1. **Notables :** personnes importantes.
2. **Effigie :** portrait.
3. **Du Maréchal :** le maréchal Pétain (1856-1951), chef de l'« État français » qui pratiqua une politique de collaboration avec les Allemands.

aussi dans la zone Sud[1] ils désobéiraient aux ordres de Vichy et feraient tout pour venir en aide aux Juifs. Vous imaginez les têtes du ministre et de ces messieurs ! Le préfet était furieux et a menacé le pasteur Trocmé en partant. Il lui a dit qu'il était au courant de ses activités, et qu'il l'enverrait en déportation[2]... Cinq jours plus tard, nous avions droit à la descente de police !

– La vengeance n'a pas traîné ! Comment ça s'est passé ? C'était dangereux, avec tous ces Juifs que vous aviez au village, dans les pensions et dans les fermes des environs ?

– C'est... c'était pas mal, en effet ! Vous avez pu constater que, depuis les hauteurs du pays, on voit arriver les visiteurs de loin. Ce jour-là, il y avait un véritable convoi : une voiture suivie de plusieurs cars de police ; l'un des cars était bourré d'agents et les autres étaient vides – preuve qu'ils étaient destinés à emmener du monde. Ils ont convoqué le pasteur Trocmé et lui ont ordonné d'inviter tous les Juifs qu'il cachait à se présenter le lendemain à la mairie. Ils devaient être emmenés pour trouver une patrie en terre polonaise, aménagée tout exprès pour eux grâce à la bienveillance d'Adolf Hitler, si soucieux de leur sort... Car c'était ça, la propagande de ces messieurs ! Les camps d'extermination : une patrie ! Quelle ignominie !...

– Qu'a fait le pasteur Trocmé ?

– Comme d'habitude. Il leur a dit qu'il ne savait pas ce que c'était qu'un Juif, que pour lui il n'y avait que des hommes, et qu'en tant que berger[3] de ce pays il n'avait aucune raison

---

1. **La zone Sud :** voir la note 1, p. 116.
2. **Déportation :** envoi et internement dans un camp de concentration en Allemagne.
3. **Berger :** pasteur spirituel.

de leur faire confiance et de leur livrer ses brebis[1]... En fait, les gendarmes, mine de rien, lui avaient ainsi donné vingt-quatre heures de délai. Le lendemain, quand ils sont revenus chercher les Juifs, ils n'en ont pas trouvé : au Chambon, on ne voyait que des chrétiens ! Les Juifs avaient eu le temps d'aller se cacher dans la forêt et dans les endroits reculés du Plateau. Ils sont restés ainsi plusieurs jours, par prudence : au village, nous avions peur d'une nouvelle rafle, d'une rafle surprise, en pleine nuit – par représailles, par dépit des collaborateurs de n'avoir rien trouvé chez nous. Et puis, au bout d'environ une semaine, tous nos réfugiés sont revenus. Le Chambon n'est pas facile d'accès, et on a fini, à Vichy, par nous oublier un peu – mais pas pour bien longtemps. À la fin de l'année, en 1942 toujours, les Allemands sont venus s'installer au village, et il y a eu les événements de 1943...

– Pourquoi avoir aidé les Juifs ? Vous couriez un risque formidable, non ?

– Formidable, sûr !

– Vous pouviez être arrêtée ? Et tous les autres du village ?

– Oui.

– Être fusillée ?

– Oui.

– Alors, pourquoi ?

– Parce que c'est le peuple de Dieu. Parce que nous devions le faire. Il fallait les protéger, les loger, les cacher... Comme il a fallu les prévenir quand il y a eu cette rafle pour qu'ils partent dans les bois. Nous devions toujours leur trouver de nouveaux logis, les nourrir, les réconforter. Nous *devions* les aider !

1. **Brebis :** fidèles.

– Il y avait des contrôles ?

– Oui, pour ravitailler certains Juifs dans leurs cachettes, il fallait souvent passer à travers champs.

– Vous est-il arrivé, pendant la guerre, d'avoir peur ? D'avoir eu peur, à courir tant de risques ?

– Nous avons été quelquefois très près, tout près du danger, mais au fond nous ne risquions rien : nous nous occupions de gens traqués qui étaient des Juifs, nous savions que nous agissions selon la volonté de Dieu – comment aurions-nous pu avoir peur ?

– Cinquante ans après, si c'était à refaire, vous le referiez ? Sans le moindre état d'âme ? Sans hésitation ?

– Mais enfin, comment laisser quelqu'un qui est pourchassé avoir faim, avoir soif, avoir froid, sans essayer de lui rendre service ! Mais c'est la parole de Dieu : Tu aimeras ton prochain comme toi-même ! ton prochain, n'est-ce pas ? Ton prochain... »

Conclusion

Une question insidieuse[1], insistante, comme venue du fond de ma conscience, me taraude[2] depuis le début de ma recherche et ne me laisse pas en paix :

« Et toi, vraiment, qu'aurais-tu fait dans les mêmes circonstances ?

– Moi ?

– Oui, toi ! »

Comme j'aurais aimé, comme j'aimerais pouvoir répondre en toute sincérité que j'aurais agi comme les Justes ! Mais, à ce *moi* profond qui ne tolère ni mensonge ni faux-fuyant, je ne peux qu'avouer la vérité : *« Je ne sais pas. »*

Certes, j'ai une réponse toute prête : à l'époque, j'étais moi-même de l'autre côté des barbelés, du côté des persécutés, du côté de ceux qu'il fallait sauver. Mais le *moi* profond ne saurait se satisfaire de ce type d'excuse ; si, en effet, la nécessité de devenir un sauveteur ne pouvait pas, à l'époque de la Shoah[3], se présenter pour moi, elle peut très bien me concerner demain. Peut-être même dès aujourd'hui.

Être généreux, nous dit-on, c'est être capable de vouloir et de donner. Mais peut-on vouloir à tout moment ? Peut-on être prêt à donner à tous ? Dans l'optique de cette réflexion sur le Bien, tel que je l'ai entreprise ici, un Juste n'a pas à

1. **Insidieuse :** qui se glisse de manière subtile.
2. **Me taraude :** me transperce.
3. **La Shoah :** mot hébreu désignant l'Holocauste, l'extermination des Juifs durant la Seconde Guerre mondiale.

vouloir faire le bien : il le fait. Il n'a pas à choisir ceux qui profiteront de ses bienfaits : il donne. Il agit. Avec naturel. Banalement. Chaque fois qu'une vie est en danger. Parce que cela lui paraît aller de soi.

D'autres nous disent que, si la générosité était absolue et universelle elle nous dispenserait de la justice. Ce serait peut-être triste. Il est certes préférable d'être sauvé par un geste de générosité ou même de simple charité plutôt que de périr – mais mon rêve, puisque les Justes nous donnent matière à rêver, demeure que l'on sauve des vies parce que tout le monde a droit à la vie. Et cela est justice.

On peut aussi soutenir qu'il n'y a pas de générosité sans amour. Mais je l'ai déjà dit : un Juste n'a pas à aimer ou à connaître la personne qu'il sauve.

Prenons un exemple extrême : une rivière où quelqu'un se noie. On entend des cris. Une foule s'agite sur la berge. Parmi ceux qui assistent à la scène, il se trouve deux ou trois personnes qui pensent à appeler de l'aide, à prévenir les pompiers, la police. Certains font même quelques pas dans l'eau. C'est un individu anonyme, sans qualités physiques particulières, qui soudain fendra la foule, plongera et sauvera l'infortuné qu'entraînait le courant. Mais, après avoir hissé ce dernier jusqu'à la rive, il disparaîtra comme il était venu. Avec modestie. Sans explication, sans attendre de remerciements, ni de compensation d'aucune sorte. Que l'on parvienne malgré tout à le retrouver, comme je l'ai fait pour ceux qui ont sauvé des Juifs pendant la guerre, pour lui demander pourquoi – pourquoi il a tendu la main à une personne qui lui était étrangère – et il ne saura que répondre. Ou, dans le meilleur des cas, il dira : « *Parce que.* » Réponse de Juste exemplaire.

Une autre question me vient à l'esprit, l'histoire que nous avons vécue peut-elle servir d'enseignement ? Si elle se répétait, agirions-nous différemment ?

Les historiens disent que l'histoire ne se répète pas. Que les vagues d'un océan qui balaient la terre ferme d'un rythme aussi constant qu'immémorial[1] ne sont pas identiques. Même si elles se ressemblent. Que chacune est différente des autres par son ampleur, son poids, son intensité, sa trajectoire, ainsi que sa force d'érosion des côtes.

Le massacre des Arméniens en Turquie[2] et celui des Tutsi au Rwanda[3] avaient tous les deux pour objectif d'éliminer l'autre parce que différent. Or, les raisons de ces deux massacres, l'un au début du siècle passé et l'autre à la fin, ne sont pas les mêmes. Ne sont pas les mêmes non plus, les moyens utilisés, ni l'environnement historique et social. Aussi, chacun de ces événements prendra-t-il une place singulière dans l'histoire de l'humanité – dans la longue liste de ses tueries.

Alors quelles sont les raisons de ce curieux sentiment de déjà vu ? D'où vient l'idée de la répétition de l'Histoire ? Ne serait-ce pas de nous-même, de notre attitude face à un événement dramatique ou face à une injustice – lesquels nous renvoient au comportement de ceux qui nous ont précédés et que nous découvrons grâce à l'étude du passé ?

Les choses me paraissent du coup plus claires. Ce qui se répète, ce n'est pas l'Histoire, mais *nous* dans l'Histoire. Nous

1. **Immémorial :** de toute éternité, de toute époque.

2. **Le massacre des Arméniens en Turquie :** une grande partie des Arméniens vivant en Turquie ont été massacrés entre avril 1915 et juillet 1916.

3. **Celui des Tutsi au Rwanda :** voir la note 2, p. 13.

avec notre violence et nos lâchetés. Nous avec notre générosité et notre sens de la justice. Bref, nous avec le Bien et le Mal qui nous habitent.

Et si ce que je dis est vrai, alors les histoires de ces Justes que je raconte dans ce livre sont autant de cours de secourisme qui s'adressent à tous ceux qui ne veulent pas, en situation d'urgence, rester sans pouvoir porter aide à la victime.

POUR APPROFONDIR

Clefs de lecture

En Pologne (p. 16-47)

Action et personnages

1. Combien de « Justes » l'auteur rencontre-t-il en Pologne ? Combien de Juifs chacun de ces « Justes » sauva-t-il ? Pourquoi commence-t-il précisément par la Pologne ?
2. Comment ces « Justes » ont-ils trompé la surveillance des nazis ? Quelles méthodes utilisèrent-ils ? Lesquelles vous semblent les plus inattendues ?
3. Quelles ont été les motivations de ces « Justes » qui, au péril de leur vie, ont sauvé des Juifs ? Sont-ils fiers de ce qu'ils ont accompli ? Quelle définition l'auteur donne-t-il finalement des « Justes » ?

Langue

4. Recherchez dans un dictionnaire les différents sens du mot « équation » (l. 177, p. 20) ? Lequel de ces sens convient ici ? Pourquoi le mot « équation » convient-il ici ?
5. Justifiez l'emploi du conditionnel présent dans la phrase suivante : « pouvais-je leur garantir que leur fils ou leur fille survivrait ? » (l. 300-301, p. 25). Réécrivez la phrase en la commençant par : « Puis-je… ». Que peut-on conclure sur l'emploi du conditionnel présent ?
6. Relevez au moins trois façons grammaticalement différentes d'exprimer le temps (adverbes, compléments circonstanciels, propositions subordonnées exprimant la date ou la durée).

Genre ou thèmes

7. Qu'est-ce qui dans ce chapitre s'apparente à un reportage ? Qu'est-ce qui l'en différencie ? En quoi consiste une interview ?
8. En quoi ce premier chapitre a-t-il valeur de document historique ? Recherchez les informations historiques qu'il contient.

À retenir

On indique qu'un personnage prend la parole :
- par la **ponctuation** (soit par des guillemets, soit par des tirets en cas de changement d'interlocuteurs) ;
- par l'emploi de **mots** ou **d'expressions** qui donnent l'impression de la **langue parlée** ;
- par des **propositions** dites **« en incise »** telles que : « dit-il » (elle) ; « poursuit-il » (elle) ; « reprend-il » (elle).

Clefs de lecture

En Allemagne (p. 48-64)

Action et personnages

1. Qui sont les Allemands, les Berlinois, qui sauvent des Juifs ? Dans quelles circonstances sont-ils amenés à le faire ? Sont-ils plus courageux que les Polonais évoqués dans le chapitre précédent ?
2. Qui est le baron Loewenstein de Witt ? En quoi son histoire est-elle extraordinaire ? À qui doit-il en définitive la vie ?
3. Quels commentaires et réflexions son séjour à Berlin inspire-t-il à l'auteur ? Qu'est-ce qui l'étonne le plus ? Quelles conclusions en tire-t-il ?

Langue

4. Quelles sont la nature et la fonction de « facile » dans la phrase suivante : « Survivre n'était pas facile » (l. 1222-1223, p. 61). Quelle est la fonction de « survivre » ?
5. Relevez plusieurs exemples du mode conditionnel. Justifiez l'emploi de ce mode par l'auteur. Quelles sont donc ses principales valeurs ?
6. Analysez « il » dans la phrase suivante : « Il est réconfortant, même cinquante ans après, de savoir que ce sinistre personnage ne parviendra pas à ses fins » (l. 1275-1276, p. 63).

Genre ou thèmes

7. Relevez les allusions aux événements postérieurs à la Seconde Guerre mondiale. Pourquoi l'auteur les multiplie-t-il alors que son propos est de savoir comment des Juifs ont pu survivre aux persécutions nazies ?
8. Identifiez les passages qui sont des descriptions de lieux ou d'objets. Quel est leur intérêt par rapport à l'enquête que mène l'auteur ?
9. Relevez les phrases qui pourraient être des maximes, des préceptes moraux ou des proverbes.

À retenir

On imprime des mots **en italiques** :
- quand il s'agit de mots empruntés à une **langue étrangère** (ici l'allemand, l'anglais et le latin) ;
- quand on veut **souligner** et mettre en valeur une expression ou une formule ;
- quand on fait une **citation** dont on souhaite montrer l'importance.

Clefs de lecture

En Hollande (p. 65-85)

Action et personnages

1. Pourquoi les persécutions contre les Juifs ont-elles été si nombreuses en Hollande ? En quoi sont-elles en contradiction avec le passé de ce pays ?
2. Qu'est-ce que « L'entreprise sans nom » (l. 1418, p. 70) ? Quel rôle a-t-elle joué ? Dans quelles circonstances précises ? En quoi son appellation est-elle éminemment symbolique, significative ?
3. Comment la clandestinité renforce-t-elle les liens familiaux ou en crée-t-elle de nouveaux ? Donnez des exemples précis d'évolution de ces liens familiaux.

Langue

4. Comment comprenez-vous le sens de l'adjectif « exemplaire » dans la phrase suivante : « Cette collaboration avec les nazis a dû être, du point de vue de ces derniers, "exemplaire". » (l. 1354-1355, p. 67) ? Pourquoi l'adjectif qualificatif est-il entre guillemets ?
5. Comment comprenez-vous l'expression suivante : « un Hitler quelconque » (l. 1815-1816, p. 85) ?
6. Justifiez l'emploi du subjonctif dans la phrase suivante : « Dieu lui-même ne saurait faire en sorte que ce qui a lieu n'ait jamais été » (l. 1538, p. 74).

Genre ou thèmes

7. Relevez les formules, les faits ou les passages qui vous paraissent les plus pathétiques. Qu'est-ce qui les rend émouvants ?
8. Malgré son caractère tragique, le récit que fait Marek Halter renferme certains éléments comiques ou humoristiques. Repérez-en quelques-uns.
9. Classez les arguments en faveur du Bien et de l'espoir, puis en faveur du Mal et du désespoir.

À retenir

Un **débat** consiste à échanger des arguments pour tenter de **convaincre** ou de **persuader** son interlocuteur. L'auteur et le maire d'Amsterdam débattent ainsi entre eux sur la possibilité ou l'impossibilité d'un retour de la barbarie. Mais on peut aussi **débattre intérieurement** avec soi-même, en pesant les arguments favorables ou défavorables à une thèse. Tout débat suppose ainsi **l'écoute** (de l'autre ou de soi), **l'argumentation** et **la réflexion.**

Pour approfondir

Clefs de lecture

En France (p. 86-140)

Action et personnages

1. Dans quelles régions de France l'auteur se rend-il ? Quels avantages et inconvénients peuvent présenter les zones frontalières ?
2. Classez les « Justes » en fonction de leur profession et de leurs convictions religieuses. De quelle façon cachaient-ils les Juifs ?
3. Pour quelle raisons historiques les protestants aident-ils très spontanément tous les persécutés ?

Langue

4. Quel est le sens des mots ou expressions suivants : « passeurs » (l. 1925, p. 89) ; « dreyfusarde » (l. 2737, p. 120) ; « le paquet est arrivé » (l. 2808, p. 123) ; « un rire sans ressentiment » (l. 2870, p. 125) ; « un chiffre rond » (l. 3032, p. 132) ?
5. Dans la phrase suivante : « Par là, en foulant ce sol, un millier de Juifs sont passés » (l. 1918-1919, p. 89), quelles sont la nature et la fonction de « en foulant » ?
6. Sachant qu'on n'écrit pas comme on parle, relevez dans la transcription des témoignages les traces les plus fréquentes de l'expression orale.

Genre ou thèmes

7. Une description (d'un objet, d'un paysage) sert à mieux se représenter par la pensée le cadre d'une action. Sur quoi, dans sa description du Malzieu (p. 116), l'auteur insiste-t-il le plus pour nous faire « voir » le village ?
8. Une antiphrase est une figure de style qui consiste à dire le contraire de ce que l'on pense, mais en faisant comprendre qu'on pense le contraire de ce qu'on dit ! Relevez-en un exemple.
9. Relevez les procédés par lesquels s'expriment l'admiration et l'éloge.

Pour approfondir

À retenir

L'ironie est le plus souvent fondée sur l'antiphrase. L'interlocuteur la saisit grâce au **ton** de celui qui parle ou aux contradictions qui se glissent dans le texte. C'est le cas par exemple dans l'exclamation suivante : « Pour une réception, il a eu droit à une réception, le ministre ! » (p. 136). **L'humour** se distingue de l'ironie par le fait de faire ressortir l'aspect plaisant ou inattendu d'une situation qui, elle, peut être tragique.

Genre, action, personnages

Genres et registres

Le livre n'appartient à aucun des genres littéraires traditionnels que sont le roman, le théâtre ou la poésie. C'est un livre enquête, dont les caractéristiques sont toutefois diverses.

Une enquête journalistique

L'auteur se comporte en journaliste : il enquête sur des événements et en recherche des témoins. Il les interroge, il les écoute, il retranscrit leurs propos, qu'il recoupe avec d'autres d'une même région, d'un même pays, puis avec ceux d'autres régions et pays : en Pologne, en Hollande, en Allemagne, en France. Il multiplie ainsi les rencontres non seulement parce que chacune d'elles comporte quelque chose d'unique, mais aussi parce que leur nombre leur confère une valeur et une portée générales. De là découle la structure du livre : un chapitre par pays et, à l'intérieur de chaque chapitre, une succession de témoignages.

Une enquête historique

Cette enquête n'est toutefois pas ordinaire. Trente ans après la fin de la Seconde Guerre mondiale, l'auteur retrouve celles et ceux qui ont sauvé des Juifs de la barbarie nazie, qui leur ont sauvé la vie. Qui sont ces « Justes» ? Comment s'y sont-ils pris pour échapper à la police, aux dénonciations ? Quelles furent leurs motivations ? À tous, Marek Halter pose les trois mêmes questions : Pourquoi ? Avez-vous eu peur ? Si c'était à refaire, recommenceriez-vous ? Les réponses à ces questions constituent un document historique exceptionnel sur les persécutions nazies et la vie quotidienne de l'époque.

Une enquête morale et philosophique

Qu'est-ce que le Bien ? Qu'est-ce que le Mal ? Pourquoi certains êtres qui n'avaient aucune vocation à devenir des héros sont-ils devenus des « Justes » ? Pourquoi d'autres ne l'ont-ils pas été ? Qu'aurais-je fait à leur place ? C'est à une enquête sur l'homme, sur sa nature, sur son comportement que le livre conduit. Par là, il dépasse son objet précis et historiquement circonscrit. C'est que le Mal ne disparaît jamais, il change seulement de forme. Que puis-je donc faire aujourd'hui pour faire triompher le Bien ? L'exemple des « Justes » sauve l'espoir, mais en appelle aussi à la responsabilité de chacun.

Le registre tragique

L'objet du livre le rend omniprésent. Les paroles des « Justes », les propres souvenirs et commentaires de l'auteur rappellent la terrifiante extermination des Juifs. 368 000 d'entre eux sont parqués et affamés dans le Ghetto de Varsovie. Dans le sinistre camp d'Auschwitz s'élèvent des « montagnes » de « chaussures d'enfants », de « lunettes », de « cheveux » (p. 38). À Amsterdam plane l'ombre d'Anne Frank et des petits orphelins qui, déportés, ne revinrent jamais des camps de la mort (p. 73-74). Quelle faute toutes ces victimes avaient-elles commises ? Aucune. Elles étaient juives. Et cela suffisait pour que les nazis décident de les exterminer.

Le tragique s'accroît encore du fait que cette extermination massive, planifiée, est niée, des décennies plus tard, par les « skinheads » de Berlin : pour eux, ce sont des « conneries », de « la propagande » véhiculée par les… Juifs eux-mêmes. Le tragique se colore alors d'ignominie.

Le maire d'Amsterdam, lui-même rescapé, veut espérer que cette monstruosité ne se reproduira plus. Mais, comme Marek Halter, il n'y mettrait pas sa « main au feu » (p. 67). D'ailleurs, d'autres massacres ont précédé et suivi le génocide juif, comme si l'Histoire n'apprenait rien : en Arménie, au Rwanda, à Gaza, à Sarajevo. En France, sous le régime de Vichy, les nazis trouvèrent de zélés collaborateurs. Y aurait-il donc en « chaque homme un criminel de guerre en puissance » ?

Le registre pathétique

Est pathétique ce qui a trait à la souffrance physique ou morale. De crainte, sans doute, de tomber dans le pathos, l'auteur évite de complaisamment s'y étendre. D'un mot, d'une formule, il suggère pourtant l'atrocité des situations. À ces mots, à ces formules, il faut donc redonner leur poids de douleur et d'angoisse. Comment garantir à des parents que leur enfant, qu'on leur enlève pour le cacher, survivra bien ? C'est le désespoir des séparations. Gisèle Caron, nièce de Lucienne Guyollot, a « toujours dans les oreilles les cris de cette maman déchirée » quand on l'arrache de ses enfants (p. 112).

Genre, action, personnages

Comme le dit Marie-Louise Lefebvre, qui avait seize ans en 1939 : « On mourait de peur en permanence. Il y avait des villages qu'on brûlait, des prises d'otages, des gens fusillés, des arrestations. On était sans arrêt en alerte » (p. 96).

Les émotions restent si fortes, même trente ans plus tard, que les « Justes » pleurent au récit de leurs souvenirs, comme Iréna Sendler (p. 29), comme le maire d'Amsterdam dont la voix est « altérée par la douleur » (p. 70), comme Thérèse Neury-Lançon (p. 86)... Quel lecteur n'éprouverait pas pitié, compassion et chagrin ?

Le registre de l'éloge

Qu'ils soient polonais, allemands, hollandais ou français, les « Justes » affirment tous qu'ils n'ont « rien fait d'exceptionnel » (p. 58), que « ce qu'ils ont fait était on ne peut plus normal » (p. 134), que c'était « une chose tout à fait naturelle » (p. 44), que même « c'était très peu de chose » (p. 46). Certains d'entre eux éprouvent même des « remords » de n'en avoir pas fait « davantage ». Presque tous pourtant reconnaissent avoir eu peur. Et tous savaient qu'ils risquaient leur vie et celle de leur famille.

S'ils refusent pour eux-mêmes l'appellation de « héros » (p. 26 ; 96), les Juifs qu'ils ont sauvés et l'auteur lui-même les considèrent, eux, comme des héros. À lui seul le titre de « Justes » les glorifie. L'existence même du livre est un hommage qui leur est rendu. L'éloge ne s'y exprime pas par de grandes phrases, mais par des mots simples.

Le registre du blâme

À l'opposé de ces héros du quotidien et de l'humilité, il y a les autres. Pas plus que l'éloge ne se traduit avec grandiloquence, pas plus le blâme ne prend la forme d'un réquisitoire enflammé. Il n'en est pas moins radical et sans appel. Tantôt il s'exprime dans un silence : « Cornélia ne veut pas parler des autres, de ceux qui n'ont rien fait ou de ceux qui ont tué » (p. 58). Tantôt il s'exprime sous la forme d'un constat antithétique :

« Lorsqu'on interroge les pires bourreaux, des nazis coupables de milliers d'assassinats, ils ne se déclarent responsables de rien, arguant n'avoir fait qu'obéir aux ordres. Mais les Justes, les sauveteurs, les bons, se reprochent, eux, et leur vie durant, de n'avoir pas pu faire davantage » (p. 29).

Tantôt enfin le blâme s'exprime de manière implicite dans une question : « Un homme est-il ou non tenu de désobéir et même de s'opposer aux ordres de ses supérieurs lorsque ceux-ci bafouent les droits de l'homme ? » (p. 103).

Ce ne sont pas seulement les mots qui blâment ou condamnent, ce sont aussi les actes, à l'instar de ceux qui refusent de se rassembler sur la place du village pour accueillir un ministre et un préfet du régime de Vichy (p. 136). Comme il y a des silences éloquents, il y a aussi des absences réprobatrices.

Le registre comique

C'est le registre le plus inattendu et, par la force des choses, le moins important. Pourtant même dans les pires situations peut se glisser une note d'humour ou de comique involontaire. C'est frère Raymond qui, refusant de se prendre pour un héros, affirme que tout son héroïsme a été de se « gratter la tête » : « C'était ça, ma dangereuse activité ! », dit-il (p. 90). C'était en fait un signal, indiquant que la voie était libre. Son humour consiste à ne pas se prendre au sérieux. Il n'en risquait pas moins la mort, si les Allemands avaient compris son stratagème !

Le patron d'un hôtel fait preuve d'un comique très involontaire quand il accepte de loger les Richter parce que, leur dit-il : « Je vois bien que vous n'êtes pas des Juifs » (p. 54). Or les Richter sont des Juifs.

L'épisode de la visite du ministre de Vichy au Chambon Le Lignon s'ouvre sur une remarque ironique de Mme Brottes : « Pour une réception, il a eu droit à une réception, le ministre ! Il n'a pas dû l'oublier de sitôt » (p. 136). Comme pour toute manifestation ironique, la remarque doit s'interpréter en sens exactement contraire, c'est-à-dire que la réception n'en fut pas vraiment une !

Action et personnages

Parce qu'il est un recueil de témoignages, le livre ne renferme pas d'action au sens traditionnel du terme. Il n'y a pas de schéma narratif dont on pourrait analyser le déroulement. Ici les mêmes questions sont sans cesse posées à des personnes certes très différentes les unes des autres, mais qui, en définitive, se ressemblent parce qu'elles sont toutes des « Justes ». Parler d'action est donc inapproprié. Le livre recèle en revanche une dynamique. Celle-ci réside dans la manière dont est conduite l'enquête : dans son élargissement géographique et temporel continu, qui, à la limite, est sans fin.

L'élargissement géographique de l'enquête

L'enquête démarre en Pologne. Les persécutions juives qui s'y déroulèrent rempliraient tragiquement à elles seules tout un volume et même plusieurs. Mais n'enquêter qu'en Pologne laisserait penser que ces persécutions ne se sont produites que là. Tel ne fut pas le cas. Celles-ci eurent lieu partout où s'étendit l'occupation nazie. C'est pour montrer cette généralisation de la Shoah que l'auteur va de Pologne en Allemagne, puis en Hollande et en France. Du même coup se révèle une autre universalité, celle des « Justes », également présents dans tous les pays.

L'élargissement temporel de l'enquête

Les témoignages recueillis portent tous sur les douze années que, de 1933 à 1945, dura le régime nazi et, plus particulièrement encore, sur les années de guerre 1939-1945. Toutefois des allusions et références à d'autres drames et génocides font que le récit déborde de ce cadre historique précis. Le massacre des Arméniens eut lieu bien avant la Seconde Guerre mondiale ; celui des Tutsi au Rwanda, le siège de Sarajevo et la tragédie de Gaza, bien après. On a certes coutume de dire que l'Histoire ne se répète pas : chaque massacre possède ses spécificités propres. Pourtant, comme s'interroge l'auteur à la fin de son enquête, « quelles sont les raisons de ce curieux sentiment de déjà vu ? D'où vient l'idée de la répétition de l'Histoire ? » (p. 143). Comme il y eut une extension géographique de la Shoah, il y a une permanence du Mal.

Une fin sans dénouement

Aussi l'enquête ne s'achève-t-elle pas avec la fin du livre. Sur la Shoah même, elle pourrait se poursuivre partout où s'abattit la terreur nazie. L'auteur en a d'ailleurs pleinement conscience : « D'autres, après moi, poursuivront les recherches. Depuis que je mène cette enquête, on me signale un peu partout l'existence d'autres Justes [...]. Comment leur rendre visite, comment les interroger tous ? Le temps, par définition, manque toujours » (p. 64). Avec les années, ces « Justes » disparaîtront : déjà Alicia Szczepaniak témoigne pour sa mère décédée (p. 45). Mais comme il existe d'autres massacres de par le monde, il y aura d'autres enquêtes à mener, d'autres « Justes » à interroger. Récit rétrospectif, le livre est ainsi un appel à la réflexion et à l'action : « C'est autant de cours de secourisme qui s'adressent à tous ceux qui ne veulent pas, en situation d'urgence, rester sans pouvoir porter aide à la victime » (p. 144). Le dénouement n'intervient donc pas à la fin du livre, il interviendra avec la fin du Mal.

Les « Justes »

Une grande diversité sociale et professionnelle

Les « Justes » sont très différents les uns des autres. Ce sont des femmes, des hommes, plus souvent d'ailleurs des femmes que des hommes, de tous âges et de tous milieux sociaux. Iréna Sendler est « assistante sociale » ; Otto Wayett dirige une entreprise berlinoise de balais-brosses ; Marie-Louise Lefebvre est agricultrice ; Marc Monod, médecin ; madame Guyollot tient un café-restaurant ; d'autres sont policiers ; certains sont des religieux, d'obédience catholique ou protestante.

Un même héroïsme et des motivations diverses

Si tout ainsi les sépare, leur héroïsme et leur générosité les rapprochent. Comme l'écrit l'auteur : « Ce n'est pas le degré du danger qu'un homme doit affronter pour sauver une vie qui fait de lui un Juste, mais l'urgence de la demande qu'on lui adresse et l'immédiateté instinctive et désintéressée de la réponse qu'il y donne » (p. 56).

Chacun a toutefois ses motivations propres. Les uns agissent par fidélité à leurs convictions religieuses, parce qu'il est dit dans la Bible qu'il faut aider son prochain ; d'autres, par humanité parce qu'il est « normal » de secourir ceux qui souffrent ; d'autres encore pour des raisons à la fois morales et politiques, pour résister à Hitler ; d'autres enfin, tout étonnés qu'on leur pose la question, répondent « parce que » tout simplement. Comme s'il y avait besoin d'avancer une raison pour sauver un être humain ! On le sauve, et c'est tout.

Genre, action, personnages

Un même but et des moyens différents

Ces « Justes » se différencient enfin par leur rôle, lequel dépend des circonstances particulières dans lesquelles ils se trouvent. Les uns jouent le rôle de guetteurs ou de passeurs. D'autres fournissent de fausses cartes d'identité ou d'alimentation. Beaucoup cachent des Juifs chez eux, avec parfois un sens aigu de l'ingéniosité : à Amsterdam, Henriette Kroon a ainsi fait édifier un double mur dans le couloir de son appartement et mis au point un système d'alerte en cas de danger (p. 77-78). Tous ont agi en connaissant les risques mortels qu'ils couraient.

Les « rescapés »

Après les sauveurs, les sauvés. L'auteur recueille le témoignage de plusieurs « rescapés » : celui du maire d'Amsterdam, Ed Van Thijn, du professeur Victor Halberstadt, de la Berlinoise Inge Deutschkron, du Français Pierre Saragoussi et de sa sœur, de Léa Radacz. Leur communauté de destin explique leurs communes réactions. L'émotion les submerge quand ils repensent à ce qu'ils ont vécu au point d'en pleurer encore, même des décennies plus tard, et d'avoir la voix étreinte de sanglots. Tous vouent une reconnaissance absolue à leurs sauveurs qu'ils considèrent comme leurs parents et qu'à leur tour ils aident matériellement et moralement dans leur grand âge.

Le baron Loewenstein de Witt, qui est lui aussi un rescapé, illustre un cas particulier : celui des « Mischling », des « sang-mêlé », allemands par l'un de leurs parents et juifs par l'autre. Interné dans un asile pour vieillards de Berlin, il ne doit la vie sauve qu'aux protestations de familles chrétiennes allemandes, qui osèrent défier la Gestapo.

Les bourreaux et les complices

Ce sont tous les nazis, dont souvent les « Justes » refusent de parler pour les ensevelir dans un silence équivalant à une condamnation sans appel. C'est le gouvernement de Vichy et ses ministres partisans zélés d'une politique de collaboration avec le régime hitlérien. Ce sont d'une manière plus large tous ceux qui, à l'instar des skinheads que l'auteur rencontre à Berlin, nient l'existence même de la Shoah. Ils sont prêts à devenir complices d'autres crimes ou à les commettre eux-mêmes.

Thèmes et textes

Racisme, intolérance et antisémitisme

Même s'ils ont atteint des proportions monstrueuses durant la Seconde Guerre mondiale, le rejet et la haine de l'autre sont, hélas, de tous les temps. En voici quelques exemples tirés du témoignage de victimes, d'œuvres philosophiques et de textes de lois.

Documents

❶ Extrait des *Mémoires d'un galérien du Roi-Soleil* de Jean Marteilhe (1757)

❷ Extrait de *Candide* de Voltaire (1759)

❸ Extrait de la loi sur le statut des Juifs en France (2 juin 1941). Cette loi a été abrogée en 1944.

Pour approfondir

[L'auteur note que de nombreux protestants figurent parmi les « Justes » parce qu'eux aussi ont connu par le passé persécutions et humiliations. En 1685, Louis XIV révoque l'édit de Nantes qui jusque-là leur accordait la liberté religieuse. Les « huguenots », comme on les appelait alors, sont pourchassés. Voici le témoignage de Jean Marteilhe, paisible garçon de seize ans, habitant avec ses parents Bergerac. Le duc de La Force, grand seigneur de la région, décide de « convertir les huguenots ».]

❶ « Arrivé à son château de La Force, distant d'une lieue[1] de Bergerac, il commença, pour donner une idée de la douceur de sa mission et de l'esprit de ses conseillers, à exercer des cruautés inouïes contre ses vassaux de la Religion réformée[2], envoyant chaque jour enlever les paysans de tout sexe et âge, et leur faisant souffrir, en sa présence et sans autre forme de procès, les tourments les plus affreux, portés contre quelques-uns jusques à la mort, pour les obliger, sans autre connaissance de cause que sa volonté, d'abjurer[3] sur-le-champ leur Religion. Il contraignit donc, par des moyens aussi diaboliques, tous ces pauvres

1. **Une lieue :** mesure de distance d'environ 4 km.
2. **Religion réformée :** nom que l'on donnait alors au protestantisme.
3. **Abjurer :** abandonner solennellement, renier.

malheureux à faire les serments les plus affreux de rester inviolablement attachés à la religion romaine. Pour témoigner sa joie et la satisfaction qu'il ressentait de ses heureux succès, et terminer son entreprise d'une façon qui fût digne du motif et des Conseils[1] qui le faisaient agir, il fit faire des réjouissances publiques au bourg de La Force où est situé son château, et allumer un feu de joie d'une magnifique bibliothèque, composée de livres pieux de la Religion réformée. »

[Pour échapper aux soldats du duc, Jean Marteilhe s'enfuit nuitamment de chez lui. Il sera arrêté lorsqu'il tentera de passer en Hollande, et il sera condamné, à l'âge de dix-sept ans, aux galères à perpétuité.]

Jean Marteilhe, *Mémoires d'un galérien du Roi-Soleil* (1757), édition établie, annotée et préfacée par André Zysberg, p. 45-46. Collection « Le Temps retrouvé », Mercure de France, 1989.

[En 1685, Louis XIV promulgue le « Code noir » qui définit, dans les colonies, les droits du maître et le statut de l'esclave. Ce « Code » souleva l'indignation de plusieurs philosophes des Lumières, comme Montesquieu par exemple. À son tour Voltaire dénonce l'esclavage dans *Candide*. Il le fait en utilisant l'arme de l'ironie qui lui était familière. Il convient donc de ne pas se tromper sur le sens réel et profond de l'extrait.]

❷ En approchant de la ville[2], ils rencontrèrent un nègre étendu par terre, n'ayant plus que la moitié de son habit, c'est-à-dire d'un caleçon de toile bleue ; il manquait à ce pauvre homme la jambe gauche et la main droite. « Eh, mon Dieu ! lui dit Candide en hollandais, que fais-tu là, mon ami, dans l'état horrible où je te vois ? – J'attends mon maître, M. Vanderdendur, le fameux négociant, répondit le nègre. – Est-ce M. Vanderdendur, dit Candide, qui t'a traité ainsi ? – Oui, monsieur, dit le nègre, c'est l'usage. On nous donne un caleçon de toile pour tout vêtement deux fois l'année. Quand nous travaillons aux sucreries, et que la meule nous attrape le doigt, on nous coupe la main ; quand nous

1. **Les Conseils :** le Roi et la Cour.
2. **La ville :** il s'agit de la ville de Surinam, appartenant alors à la Guyane hollandaise (au nord du Brésil actuel).

voulons nous enfuir, on nous coupe la jambe[1] ; je me suis trouvé dans les deux cas. C'est à ce prix que vous mangez du sucre en Europe. Cependant, lorsque ma mère me vendit dix écus patagons[2] sur la côte de Guinée, elle me disait : « Mon cher enfant, bénis nos fétiches, adore-les toujours, ils te feront vivre heureux, tu as l'honneur d'être esclave de nos seigneurs les blancs, et tu fais par là la fortune de ton père et de ta mère. » Hélas ! je ne sais pas si j'ai fait leur fortune, mais ils n'ont pas fait la mienne. Les chiens, les singes et les perroquets sont mille fois moins malheureux que nous. Les fétiches[3] hollandais qui m'ont converti me disent tous les dimanches que nous sommes tous enfants d'Adam, blancs et noirs. Je ne suis pas généalogiste ; mais si ces prêcheurs disent vrai, nous sommes tous cousins issus de germains. Or vous m'avouerez qu'on ne peut en user avec ses parents d'une manière plus horrible.

Voltaire, *Candide*, chapitre XIX (1759).

[Le baron de Witt fait allusion aux interdictions et restrictions qui visaient à rendre la vie impossible aux Juifs. En France, le régime de Vichy, sous la direction du maréchal Pétain, adopte des lois qui vont dans le même sens. Voici un extrait de celle du 2 juin 1942.]

❸ Loi du 2 juin 1941 portant statut des Juifs

Nous, Maréchal de France, chef de l'État Français, le conseil des ministres entendu,

Décrétons :

Article 1

Est regardé comme Juif :

Celui ou celle, appartenant ou non à une confession quelconque, qui est issu d'au moins trois grands-parents de race juive, ou de deux seulement si son conjoint est lui-même issu de deux grands-parents de race juive. Est regardé comme étant de race juive le grand-parent ayant appartenu à la religion juive.

---

1. **On nous coupe la jambe :** le « Code noir » stipulait de couper le jarret à un fugitif récidiviste.
2. **Écus patagons :** monnaie en vigueur en Flandre.
3. **Fétiches :** au sens ici de pasteurs protestants, de prêcheurs.

Celui ou celle qui appartient à la religion juive, ou y appartenait le 25 juin 1940, et qui est issu de deux grands-parents de race juive.

La non-appartenance à la religion juive est établie par la preuve de l'adhésion à l'une des autres confessions reconnues par l'État avant la loi du 9 décembre 1905.

Le désaveu ou l'annulation de la reconnaissance d'un enfant considéré comme Juif sont sans effet au regard des dispositions qui précèdent. [...]

Article 5

Sont interdites aux juifs les professions ci-après :

Banquier, changeur, démarcheur,

Intermédiaire dans les bourses de valeurs ou dans les bourses de commerce,

Agent de publicité,

Agent immobilier ou de prêts de capitaux,

Négociant de fonds de commerce, marchand de biens,

Courtier, commissionnaire,

Exploitant de forêts,

Concessionnaire de jeux,

Éditeur, directeur, gérant, administrateur, rédacteur, même au titre de correspondant local, de journaux ou d'écrits périodiques, à l'exception des publications de caractère strictement scientifique ou confessionnel,

Exploitant, directeur, administrateur, gérant d'entreprises ayant pour objet la fabrication, l'impression, la distribution ou la présentation de films cinématographiques, metteur en scène, directeur de prises de vues, compositeur de scénarios,

Exploitant, directeur, administrateur, gérant de salles de théâtre ou de cinématographie,

Entrepreneur de spectacles,

Exploitant, directeur, administrateur, gérant de toutes entreprises se rapportant à la radiodiffusion. [...]

Article 9

Sans préjudice du droit pour le préfet de prononcer l'internement dans un camp spécial, même si l'intéressé est Français, est puni :

D'un emprisonnement de six mois à deux ans et d'une amende de

500 F à 10000 F, ou de l'une de ces deux peines seulement, tout juif qui s'est livré ou a tenté de se livrer à une activité qui lui est interdite par application des articles 4, 5 et 6 de la présente loi,

D'un emprisonnement de un an à cinq ans et d'une amende de 1 000 F à 20 000 F, ou de l'une de ces deux peines seulement, tout juif qui se sera soustrait ou aura tenté de se soustraire aux interdictions édictées par la présente loi, au moyen de déclarations mensongères ou de manœuvres frauduleuses. [...]

Article 13

Le présent décret sera publié au Journal officiel et exécuté comme loi de l'État.

Fait à Vichy, le 2 juin 1941,

Philippe PÉTAIN

Se cacher pour survivre

Pour échapper aux rafles, de nombreux Juifs sont souvent aidés par des « Justes » qui, comme ceux qu'ils aident, risquent les camps et la mort. Mais se cacher n'est pas toujours aisé, n'est jamais confortable et est presque toujours angoissant.

Documents

Trois extraits du *Journal* d'Anne Frank (1942-1944)

[Originaire de Francfort, la famille d'Anne Frank émigre aux Pays-Bas en 1933, où elle s'établit à Amsterdam. Le 6 juillet 1942, la répression nazie l'oblige à s'installer clandestinement dans un réduit à l'arrière d'un immeuble et dont la porte était camouflée par des rayonnages pivotants de bibliothèque. Pendant près de deux ans, Anne Frank va tenir son journal, sous forme de fausses lettres adressées à son amie Kitty. Son Journal, mondialement connu, est l'un des témoignages les plus émouvants sur la vie clandestine d'une famille juive pendant la guerre.]

❶ Dimanche 2 mai 1943

[...] Il nous faudra séjourner ici jusqu'à fin 43. C'est bien long, mais encore supportable. Mais qui nous donne l'assurance que cette guerre, qui ne cause que dommages et chagrin, sera terminée à ce moment-là ? Et qui peut nous donner l'assurance qu'entre-temps, il ne nous sera rien arrivé, à nous et aux complices de notre clandestinité ? Personne, bien sûr ! Et c'est pourquoi nous vivons chaque jour dans une grande tension. Tension due à l'attente et à l'espoir mais aussi à la peur, lorsque l'on entend du bruit dans la maison ou dehors, quand il y a beaucoup de tirs ou que le journal publie de nouvelles « notifications », car il peut arriver chaque jour que plusieurs de nos complices soient obligés de se cacher eux-mêmes avec nous. « Clandestinité » est devenu un mot tout à fait courant. Combien de gens n'entrent-ils pas dans la clandestinité ! Ils ne représentent naturellement qu'un petit pourcentage et pourtant, plus tard, nous serons sûrement étonnés du nombre de personnes de bonne volonté aux Pays-Bas, des juifs et aussi des chrétiens en fuite, avec ou sans argent. Et c'est incroyable aussi, le nombre de gens dont on entend dire qu'ils ont une fausse carte d'identité.

Anne Frank, *Journal*, édition de Nicolette Oomes, traduction Philippe Noble et Isabelle Rosselin-Bobulesco, Calmann-Lévy, 2001.

[La police fouille la maison, sans trouver les Frank.]

❷ Mardi 11 avril 1944

Cette histoire nous a rappelés brutalement à la réalité, au fait que nous sommes des juifs enchaînés, enchaînés en un seul lieu, sans droit et avec des milliers d'obligations. Nous juifs, nous ne devons pas écouter notre cœur, nous devons être courageux et forts, nous devons subir tous les désagréments sans rien dire, nous devons faire notre possible et garder confiance en Dieu. Un jour cette horrible guerre se terminera enfin, un jour nous pourrons être des êtres humains et pas seulement des juifs ! Qui nous a imposé cela ? Qui a fait de nous, les juifs, une exception parmi tous les peuples ? Qui nous a fait tant souffrir jusqu'à présent ?

Anne Frank, *Journal*, édition de Nicolette Oomes, traduction Philippe Noble et Isabelle Rosselin-Bobulesco, Calmann-Lévy, 2001.

❸ Jeudi 25 mai 1944

Chaque jour du nouveau, ce matin Van Hoeven a été arrêté, il hébergeait deux Juifs chez lui. C'est un coup dur pour nous, non seulement parce que ces pauvres Juifs se retrouvent au bord du gouffre, mais parce que c'est affreux pour Van Hoeven. Ici, c'est le monde à l'envers, les gens les plus respectables sont envoyés dans des camps de concentration, des prisons, et des cellules isolées, et la racaille règne sur jeunes ou vieux, riches ou pauvres. Les uns se font prendre à cause du marché noir, les autres à cause des Juifs ou d'autres clandestins, personne ne sait ce qui arrivera demain s'il n'est pas membre du N.S.B[1]. Pour nous aussi, Van Hoeven est une grande perte.

1. **N.S.B. :** initiales du parti nazi hollandais.

Thèmes et textes

Bep[1] ne peut pas, et ne doit pas charrier ces quantités de pommes de terre, il ne nous reste plus qu'à manger moins. Comment nous allons nous y prendre, je t'en reparlerai, mais cela ne va pas arranger la situation. Maman dit que nous ne prendrons plus du tout de petit déjeuner le matin, que nous aurons des flocons d'avoine et du pain à midi, des pommes de terre sautées le soir et, éventuellement, une ou deux fois par semaine, des légumes ou de la salade, nous n'aurons rien de plus. Nous allons avoir faim, mais rien n'est pire que d'être découvert.

Anne Frank, *Journal*, édition de Nicolette Oomes, traduction Philippe Noble et Isabelle Rosselin-Bobulesco, Calmann-Lévy, 2001.

[Arrêtée le 4 août 1944, Anne Frank meurt du typhus dans le camp de Bergen-Belsen, en février ou mars 1945.]

Pour approfondir

1. **Bep :** une secrétaire hollandaise du père d'Anne Frank, du temps où celui-ci avait encore l'autorisation de travailler et qui aide par la suite les Frank. Elle est une de ces nombreuses et discrètes femmes « Justes ».

L'enfer des camps, de tous les camps

Les camps d'extermination nazis ont représenté l'enfer sur terre. Humiliation, violences, tortures, sous-alimentation, travail forcé jusqu'à l'épuisement et la mort, gazage et four crématoire : ils sont devenus le symbole même du Mal absolu. Certains en ont réchappé par miracle et ont progressivement raconté leurs terrifiants souvenirs.

Documents

❶ Extrait de ***Et si c'est un homme*** de Primo Levi (1987)

❷ Extrait de ***Les Naufragés et les rescapés*** de Primo Levi (1989 pour l'édition française)

❸ Extrait de ***L'Archipel du Goulag*** d'Alexandre Soljénitsyne (1974 pour l'édition française)

[Juif italien, Primo Levi (1919-1987) est capturé en décembre 1943 et déporté à Auschwitz, d'où l'armée soviétique le libéra en janvier 1945. Dans ce récit, publié en 1947, qui deviendra célèbre par la suite, Primo Levi se souvient de son arrivée dans ce terrible camp.]

❶ Alors, pour la première fois, nous nous apercevons que notre langue manque de mots pour exprimer cette insulte : la démolition d'un homme. En un instant, dans une intuition quasi prophétique, la réalité nous apparaît : nous avons touché le fond. Il est impossible d'aller plus bas : il n'existe pas, il n'est pas possible de concevoir condition plus misérable que la nôtre. Plus rien ne nous appartient : ils nous ont pris nos vêtements, nos chaussures, et même nos cheveux ; si nous parlons, ils ne nous écouteront pas, et même s'ils nous écoutaient, ils ne nous comprendraient pas. Ils nous enlèveront jusqu'à notre nom : et si nous voulons le conserver, nous devrons trouver en nous la force nécessaire pour que derrière ce nom, quelque chose de nous, de ce que nous étions, subsiste. [...]

Qu'on imagine maintenant un homme privé non seulement des êtres qu'il aime, mais de sa maison, de ses habitudes, de ses vêtements, de tout enfin, littéralement de tout ce qu'il possède : ce sera un homme vide, réduit à la souffrance et au besoin, dénué de tout discernement, oublieux de toute dignité : car il n'est pas rare, quand on a tout perdu, de se perdre soi-même ; ce sera un homme dont on pourra décider de la vie ou de la mort le cœur léger, sans aucune considération d'ordre humain, si ce n'est, tout au plus, le critère d'utilité. On comprendra alors le double sens du terme « camp d'extermination » et ce que nous entendons par l'expression « toucher le fond ».

Primo Levi, *Et si c'est un homme*, traduction de Martine Schruoffeneger, Julliard, 1994, p. 30-31.

[Tous les déportés étaient tatoués dès leur arrivée au camp. Voici le témoignage de Primo Levi, lui-même tatoué.]

❷ Les hommes devaient être tatoués sur la face externe du bras et les femmes, à l'intérieur ; le numéro des Gitans devait être précédé d'un Z, celui des Juifs, à partir de mai 1944 (c'est-à-dire de l'arrivée massive des Juifs hongrois), d'un A, qui fut peu après remplacé par un B. Jusqu'en septembre 1944 il n'y avait pas de jeunes enfants à Auschwitz : ils étaient tous tués par le gaz à leur arrivée. Après cette date, des familles entières de Polonais, arrêtés au hasard pendant l'insurrection de Varsovie, commencèrent à arriver : ils furent tous tatoués, y compris les nouveau-nés.

L'opération n'était pas douloureuse et ne durait pas plus d'une minute, mais elle était traumatisante. Sa signification symbolique était évidente pour tous : c'est un signe indélébile, vous ne sortirez plus d'ici ; c'est la marque qu'on imprime sur les esclaves et les bestiaux destinés à l'abattoir, et c'est ce que vous êtes devenus. Vous n'avez plus de nom ; ceci est votre nouveau nom.

Primo Levi, *Les Naufragés et les rescapés*, traduction d'André Maugé, Gallimard, 1989, p. 117-118.

[Prix Nobel de Littérature en 1970, A. Soljénitsyne (1918-2008) fut condamné à huit ans de bagne en 1945 pour avoir critiqué Staline. C'est le « goulag », qui était le sigle de l'Administration générale des camps d'internement. *L'Archipel du Goulag* est une étude et une fresque du système concentrationnaire soviétique. Voici une description des baraquements dans un camp de travail. Les camps sont toujours une horreur. C'est à ce Goulag que Marek Halter fait allusion quand il évoque d'autres camps que ceux des nazis. Voici la description des bâtiments que les condamnés occupent.]

❸ « Des châlits[1] à deux étages ; des châlits à trois étages ; signe de luxe : des wagonnets[2]. Les planches sont le plus souvent nues, il n'y a rien dessus : dans certains commandos[3] on vole si bien jusqu'au dernier objet (pour claquer ensuite l'argent par l'intermédiaire des travailleurs libres) que les détenus ne reçoivent plus rien de l'administration et ne laissent jamais dans les baraques aucune chose qui leur appartienne : ils vont au travail avec gamelle et gobelet (et même sac au dos – et ils manient ainsi la pelle et la pioche), et ceux qui ont une couverture la portent roulée autour du cou ou la confient à des planqués de connaissance qui vivent dans une baraque gardée.

Le soir, il faudrait porter ses vêtements de travail mouillés au séchoir (il y a même un séchoir !), mais si on se déshabille, on va geler sur les planches nues ! Donc on fait tout sécher sur soi. Pendant la nuit, les bonnets se collent sous l'effet du gel à la paroi de la tente – pour les femmes, ce sont les cheveux. On cache même ses chaussons en écorce sous la tête, pour ne pas se les faire voler aux pieds. – Au milieu de la baraque, il y a un fût à essence percé en guise de poêle, et s'il est chauffé à blanc, ça va – l'odeur des chaussettes russes qui fument inonde alors toute la baraque –, sinon le bois humide refuse d'y brûler. Certaines baraques sont tellement infectées d'insectes que quatre jours de fumigations sulfureuses n'y font rien, et que si l'été les zeks[4] s'en vont coucher par terre dans la zone, les punaises les suivent et les y rejoignent. Pour tuer les poux, on fait bouillir le linge dans la marmite à déjeuner. »

Alexandre Soljénitsyne, *L'Archipel du Goulag*, Fayard, 1991.

1. **Des châlits :** des cadres de lits, sans matelas ni draps ni couvertures.
2. **Wagonnets :** pour le transport de la terre et des remblais.
3. **Commandos :** équipes de travail.
4. **Zeks :** les détenus.

Thèmes et textes

L'hommage aux Justes

Documents

❶ Discours de Monsieur Jacques Chirac, président de la République (18 janvier 2007)

❷ Le recensement des « Justes » par le Mémorial Yad Vashem (2010)

[Voici le texte du discours prononcé par Jacques Chirac le jeudi 18 janvier 2007 lors de la cérémonie nationale en hommage aux Justes de France, au Panthéon à Paris.]

❶ Il y a 65 ans, dans l'Europe presque entièrement asservie, la barbarie nazie décide l'exécution de la solution finale. Une idéologie effroyable fait régner la terreur : une idéologie raciste, fondée sur cette croyance criminelle et folle selon laquelle certains hommes seraient par nature « supérieurs » à d'autres. Et cela, au cœur d'un continent qui se considère comme l'aboutissement même de la civilisation.

Innombrables sont celles et ceux que les nazis condamnent à mort a priori, à cause de leur origine, comme les Tziganes, à cause de leurs convictions religieuses ou politiques, de leurs préférences sexuelles, ou de leur handicap. Mais c'est contre les Juifs que se déchaîne avec le plus de cruauté et de violence systématique la folie nazie. Ce sont eux qui payent le tribut le plus effrayant : six millions d'êtres humains assassinés dans des conditions inexprimables. La quasi-disparition des Juifs d'Europe. La Shoah.

Comme dans un cauchemar, l'Occident se trouve renvoyé aux temps les plus noirs de la barbarie. À travers la destruction des Juifs, c'est au fond toute la civilisation judéo-chrétienne, toute la civilisation européenne, vieille de plusieurs millénaires, qu'Hitler veut abattre : l'invention à Athènes de la démocratie, l'éclosion à Rome d'une civilisation fondée sur le droit, le message humaniste des Lumières du XVIIIe siècle[1].

En France même, le pays des Lumières et des droits de l'Homme,

1. **Le message humaniste des Lumières du XVIIIe siècle :** le XVIIIe siècle, qui véhicula un message de tolérance, de progrès et de paix.

le pays où tant de grands hommes se sont levés pour l'honneur du capitaine Dreyfus[1], le pays qui a porté Léon Blum[2] à la tête du gouvernement, en France, un sombre linceul de résignation, de lâcheté, de compromissions recouvre les couleurs de la liberté, de l'égalité et de la fraternité. Le pouvoir de Vichy se déshonore, édictant de sa propre initiative, dès le 3 octobre 1940, le sinistre Statut des Juifs, qui les exclut de presque toutes les fonctions. Les Juifs de France sont d'autant plus stupéfaits de cet antisémitisme d'État que leur pays est celui qui le premier en Europe, dès 1791, leur a accordé les droits des citoyens. Ils aiment leur pays avec passion. Ils se sont battus pour lui, comme Marc Bloch[3] et tant d'autres, en 1914 ou en 1939 : soudain, devant leurs yeux incrédules, la République abdique, rend les armes à Pétain et à Laval, cède la place à une clique revancharde et haineuse.

Voilà 65 ans, en France, il y a la honte du premier convoi de déportation, le 27 mars 1942. Il y a l'ordonnance allemande du 7 juin et l'ignominie de l'étoile jaune. Il y a le crime irréparable du Vél'd'Hiv, les 16 et 17 juillet. Il y a, du 26 au 28 août, la rafle de milliers de Juifs étrangers en zone libre.

Il y a les ténèbres. Mais il y a aussi la lumière. La France affamée, terrorisée, coupée en deux par la ligne de démarcation, est étourdie par l'ampleur de la défaite. Mais très vite, des voix s'élèvent. Dès le 11 novembre 1940, de Gaulle écrit de Libreville au Congrès juif mondial que le statut des Juifs n'aura aucune validité dans la France libre. Il fustige la violation, par Vichy, je le cite : « des principes de liberté et de justice égale, sur lesquels la République française était fondée ». Puis, dans le pire effondrement de notre histoire, alors même que la Wehrmacht[4] semble encore invincible, des Françaises et des Français en très grand nombre vont montrer que les valeurs de l'humanisme sont enracinées

---

1. **Capitaine Dreyfus :** voir la note 2, p. 120.
2. **Léon Blum :** écrivain et homme politique, d'origine juive, Léon Blum (1872-1950), chef de la S.F.I.O., dirigea en 1936 le gouvernement du Front populaire. Les nazis le déportèrent en 1943 au camp de Buchenwald.
3. **Marc Bloch :** éminent historien du Moyen Âge, professeur à la Sorbonne, Marc Bloch (1886-1944) entra dans la Résistance et fut fusillé par les Allemands.
4. **La Wehrmacht :** l'armée allemande.

dans leurs âmes. Partout, ils accueillent, cachent, sauvent au péril de leur vie des enfants, des femmes, des hommes, persécutés parce qu'ils sont Juifs. Dans ce cauchemar éveillé que les Juifs vivent depuis 1940, la France, leur France, à laquelle ils ont cru si intensément, n'a pas tout à fait disparu. Dans les profondeurs du pays, une lueur d'espoir se fait jour. Elle est fragile, vacillante. Mais elle existe.

Il y a cette secrétaire de mairie qui fournit des papiers à des familles juives, et convainc les habitants du village de partager leurs tickets d'alimentation : le courage d'une seule personne a cristallisé la générosité de tous. Il y a ce couple d'hôteliers qui trouve sur le pas de sa porte un homme échappé d'une rafle, affamé et épuisé : ils l'hébergent pendant deux de ces années terribles. Il y a ce boulanger qui reconnaît un adolescent arrêté et avertit la direction de son école : prévenu, un officier de gendarmerie, membre de la Résistance, libère le jeune homme. Grâce à cette chaîne humaine de solidarité et de courage, une vie est sauvée. Il y a ce professeur de latin qui, jusqu'au bout, tente de protéger l'élève qu'il a présenté au concours général. Il y a cette concierge qui entend le crissement des freins des camions allemands, et fait le tour très rapidement des occupants juifs de son immeuble pour leur dire surtout de rester silencieux derrière leurs portes closes, et les sauve ainsi de la déportation. Il y a le pasteur Trocmé, qui entraîne avec lui, dans l'accueil de centaines de Juifs en fuite, tout un village, tout un plateau de Haute-Loire : Le Chambon-sur-Lignon, dont le nom résonne aujourd'hui, et pour toujours, dans nos cœurs. Il y a ces sœurs qui abritent, dans leurs couvents, dans leurs pensionnats, des enfants juifs. Il y a ces curés savoyards, devenus par la force des choses passeurs professionnels, qui emmènent les réfugiés de l'autre côté de la frontière. Il y a ce général commandant une région militaire qui refuse de prêter sa troupe pour surveiller l'embarquement de déportés, ce qui lui vaut une révocation immédiate. Il y a tous ces paysans, que nous a montrés avec tant d'émotion Agnès Varda, qui accueillent, aiment et protègent de si nombreux enfants.

Il y en a tant et tant d'autres, dans toutes les classes sociales, dans toutes les professions, de toutes les convictions. Des milliers de Françaises et de Français, qui, sans s'interroger, font le choix du bien. Quel courage, quelle grandeur d'âme il leur a fallu ! Tous connaissaient les risques encourus : l'irruption brutale de la Gestapo. L'interrogatoire. La torture. Parfois même, la déportation et la mort.

Certains furent reconnus Justes parmi les nations. D'autres resteront anonymes, soit qu'ils aient laissé leur vie en aidant l'autre, soit que, dans leur modestie, ils n'aient même pas songé à faire valoir leurs actes. Certains sont ici aujourd'hui, ainsi que celles et ceux qu'ils ont sauvés. Je les salue tous, avec un infini respect. En France, grâce à cette solidarité agissante, selon le beau mot de Serge Klarsfeld[1], les Justes ont contribué à protéger les trois quarts de la population juive d'avant-guerre de la déportation, c'est-à-dire d'une mort presque certaine : sur plus de 75 000 déportés, seuls revinrent quelque 2 500 survivants. Et après quelles souffrances indicibles : vous pouvez en témoigner, chère Simone Veil[2], vous dont le courage, en toute circonstance, est un exemple pour la France. La majorité des Juifs assassinés ont été livrés aux Allemands par Vichy et par les collaborateurs. Mais la plupart des Juifs sauvés le furent par des Français.

Aujourd'hui, pour cet hommage de la nation aux Justes de France, reconnus ou anonymes, nous sommes rassemblés pour évoquer notre passé, mais aussi pour enrichir notre présent et notre avenir. « Quiconque sauve une vie sauve l'univers tout entier », dit le Talmud[3], devise qui d'ailleurs orne la médaille des Justes. Il faut en comprendre toute la force : en sauvant une personne, chaque Juste a en quelque sorte sauvé l'humanité. Cette mémoire, soyez-en certains, soyez-en fiers, elle perdurera de génération en génération.

Par ce geste, vous nous incitez aussi à interroger notre conscience. Qu'est-ce qui fait que, confronté à un choix crucial, quelqu'un agit selon son devoir, c'est-à-dire en considérant l'autre pour ce qu'il est, une personne humaine avant tout ? Pour certains Justes, c'est une question

1. **Serge Klarsfeld :** déporté, Serge Klarsfeld mena, après la guerre, une chasse sans merci pour faire arrêter et juger les criminels nazis qui pouvaient encore être en vie.
2. **Simone Veil :** déportée à l'âge de 16 ans en 1944, Simone Veil assiste à la cérémonie en tant que présidente de la Fondation de la Mémoire de la Shoah. Elle fut plusieurs fois ministre, présidente du Parlement européen de Strasbourg ; et elle est depuis mars 2010 membre de l'Académie française.
3. **Le Talmud :** livre religieux des Juifs.

de conviction religieuse, et ceux-là, n'en doutons pas, entendent le message de l'Église dans sa vraie vérité. D'autres, parfois les mêmes, appartiennent à des groupes longtemps opprimés, comme les protestants, ou sont viscéralement hostiles à la politique de Vichy pour des raisons notamment politiques. Mais, pour tous, c'est une réaction venue du plus profond du cœur, expression la plus haute de ce que l'on nomme la charité.

Toutes et tous, ils ont eu, vous avez eu le courage de voir et de comprendre la détresse avec les yeux du cœur. Ce courage anime Monseigneur Saliège, archevêque de Toulouse, qui a été pour beaucoup dans la prise de conscience des catholiques de France. Infirme, reclus dans son palais épiscopal, il sait pourtant rendre concrètes, dans son admirable lettre pastorale, les souffrances injustifiables endurées par des êtres coupables du seul crime d'être nés. Ce courage de voir et de comprendre avec les yeux du cœur, on le trouve partout : chez ce voisin d'immeuble, que l'on connaît à peine et qui, sans poser de question, accueille votre famille alors que la milice frappe aux portes.

Vous, Justes de France, vous avez transmis à la nation un message essentiel, pour aujourd'hui et pour demain : le refus de l'indifférence, de l'aveuglement. L'affirmation dans les faits que les valeurs ne sont pas des principes désincarnés, mais qu'elles s'imposent quand une situation concrète se présente et que l'on sait ouvrir les yeux.

Plus que jamais, nous devons écouter votre message : le combat pour la tolérance et la fraternité, contre l'antisémitisme, les discriminations, le racisme, tous les racismes, est un combat toujours recommencé. Si l'antisémitisme s'est déchaîné dans les années 1930-1940, c'est faute d'avoir été condamné avec la fermeté nécessaire à cette époque. C'est parce qu'il a été en quelque sorte toléré comme une opinion parmi d'autres. Telle est la leçon de ces années noires : si l'on transige avec l'extrémisme, il faut bien le mesurer, on lui offre un terreau pour prospérer, et tôt ou tard on en paye le prix. Face à l'extrémisme, il n'y a qu'une attitude : le refus, l'intransigeance. Et c'est aussi sans merci qu'il faut lutter contre le négationnisme, crime contre la vérité, perversion absolue de l'âme et de l'esprit, forme la plus ignoble, la plus abjecte de l'antisémitisme.

Les Justes ont fait le choix de la fraternité et de la solidarité. Ils incarnent l'essence même de l'homme : le libre arbitre. La liberté de choisir entre le bien et le mal, selon sa conscience. À tous, en ce lieu où elle honore ses grands hommes, la nation rend aujourd'hui le témoignage de son respect et de son estime. Vous incarnez aussi la France dans ce qu'elle a de plus universel, dans la fidélité aux principes qui la constituent. Grâce à vous, grâce à d'autres héros à travers les siècles, nous pouvons regarder la France au fond des yeux, et notre histoire en face : parfois, on y voit des moments profondément obscurs. Mais on y voit aussi et surtout le meilleur et le plus glorieux. Notre histoire, il faut la prendre comme un bloc. Elle est notre héritage, elle est notre identité. C'est à partir d'elle, et en traçant de nouveaux chemins, que nous pouvons nous engager tête haute dans les voies de l'avenir. Oui, nous pouvons être fiers de notre histoire ! Oui, nous pouvons être fiers d'être Français !

Ce que nous enseignent aussi l'effondrement de la République en juin 1940, l'illusion tragique du recours à Pétain et le déshonneur de Vichy, c'est à quel point une nation est fragile. Dans le confort de nos certitudes d'aujourd'hui, beaucoup ont le sentiment que la France est éternelle, que la démocratie est naturelle, que la solidarité et la fraternité peuvent se résumer au système de sécurité sociale. Dans une société qui, malgré ses difficultés, est prospère et stable, l'idée du bonheur semble trop souvent se ramener à la satisfaction de besoins matériels. Nous devons entendre votre message. Une nation, c'est une communauté de femmes et d'hommes solidaires, liés par des valeurs et un destin communs. Chacun est dépositaire d'une parcelle de la communauté nationale, et celle-ci n'existe que si chacun s'en sent profondément responsable. À un moment où montent l'individualisme et la tentation des antagonismes, ce que nous devons voir, dans le miroir que nous tend le visage de chaque être humain, ce n'est pas sa différence, mais c'est ce qu'il y a d'universel en lui. À ceux qui s'interrogent sur ce que c'est d'être Français, à ceux qui s'interrogent sur ce que sont les valeurs universelles de la France, vous, les Justes, avez apporté la plus magnifique des réponses, au moment le plus noir de notre histoire.

Et au nom de la France, au nom de la nation tout entière, je m'incline aujourd'hui devant vous avec respect et reconnaissance.

❷ Le Mémorial Yad Vashem, à Jérusalem, décerne, après enquête, sur la foi de témoignages fiables, le titre de « Juste parmi les nations » aux non-Juifs qui ont sauvé des Juifs pendant la Seconde Guerre mondiale. Lui seul est habilité à en effectuer et actualiser le recensement. Voici, d'après celui datant de 2010, le nombre de Justes en France, en Allemagne, aux Pays-Bas et en Pologne :

Pays-Bas**	5 009
Pologne	6 195
France	3 158
Allemagne	476

** : ce chiffre inclut deux personnes venant d'Indonésie mais résidant aux Pays-Bas.

Le nombre total de Justes dans le monde s'élève, d'après le Mémorial, à 23 226.

Bibliographie et filmographie

Sur Marek Halter

Voir l'article à son nom sur **larousse.fr**

Entretiens avec Marek Halter sur : **www.planetexpo.fr**

Sur la Shoah

Les livres et témoignages étant très nombreux, on s'est limité ici à quelques indications :

Journal (1942-1944), Anne Frank, Le Livre de Poche, 2009.

Si c'est un homme, Primo Levi, Julliard, 1994.
- Relate la survie à Auschwitz.

Le Dernier des Justes, Schwarz-Bart, Éditions du Seuil, 1959, prix Goncourt.

Le Grand Voyage, Jorge Semprun, Gallimard, 1953.
- Le trajet dans un wagon plombé jusqu'au camp de Buchenwald.

Le Testament d'un poète juif assassiné, Elie Wiesel, Éditions du Seuil, 1980, Prix du Livre Inter.

Auschwitz, soixante ans après, Annette Wieviorka, Robert Laffont, 2005.
- L'histoire de ce terrible camp.

Les films

La Rafle, de Josef von Sternberg, 1928.
- Raconte la « rafle » du vélodrome d'Hiver, à Paris, les 16 et 17 juillet 1942.

Nuit et Brouillard, d'Alain Resnais, 1955. Scénario de Jean Cayrol.
- Sur la déportation et les camps d'extermination, comportant des archives d'époque. Le titre du film provient du nom donné aux déportés par les nazis, les Nacht und Nebel.

Shoah, de Claude Lanzmann, 1985.
- En quatre parties, sur les camps nazis.

Au revoir les enfants, de Louis Malle, 1987.

La Liste de Schindler, de Steven Spielberg, 1993.

Monsieur Batignole, de et avec Gérard Jugnot, 2002.

Impression : Rotolito Lombarda (Italie)
Dépôt légal : Juillet 2010 - 304447
N° Projet : 11010667 - Août 2010